小学 標準問題集 6年 国語 読解力

この本の特色

① 基礎《きそ》から応用まで３ステップ式で構成されているので、国語の読解問題が苦手な児童も無理なく実力アップがはかれます。

② 国語の出題の中心である読解問題を集中的に学習することができ、テストで確実な得点ア

③ 解答(別冊 意」では、問題のくわしい解き方や注意すべきポイ 分に理解しながら学習を進めることができます。

もくじ

本書に関する最新情報は，当社ホームページにある本書の「サポート情報」をご覧ください。

（開設していない場合もございます。）

1 言葉の意味

学習のねらい

言葉の意味は文脈の中でとらえるようにする。また、ことわざや慣用句、四字熟語《よじじゅくご》の意味や使い方、対義語や類義語、多義語などについてもおさえられるようにする。

勉強した日　月　日

ステップ1

1 次の文章を読んで、あとの問いに答えなさい。

「渡《わた》る世間は鬼《おに》ばかり」というテレビドラマがある。このタイトルはことわざをもじったもので、正しくは「[①]」だ。正反対の意味をタイトルにしているが、実は正しいことわざにも正反対の意味を表すものがある。例えば、「せいては事を仕損じる」（あせって行動するとかえって失敗する）ということわざがある一方で、「善《ぜん》は急げ」というのもよく使われる。

もちろん、似た意味のことわざもある。「せいては事を仕損じる」と「急がば[②]」は、ほぼ同じ意味。「猿《さる》も木から落ちる」と「かっぱの川流れ」、「弘法《こうぼう》にも筆の誤《あやま》り」も、同じ意味を表すことわざといっていい。

(1) [①]にあてはまることわざを書きなさい。

（　　　　）

(2) [②]にあてはまる言葉を次から選び、記号で答えなさい。

ア 走れ　イ 歩け　ウ 回れ　エ 休め

（　　）

(3) ——線「同じ意味」とは、どんな意味ですか。次の[　]にあてはまる漢字二字の言葉を書きなさい。

・どんなに[　]な人にも失敗はあるものだ。

2 次の文章を読んで、あとの問いに答えなさい。

対義語には、大きくいって二種類ある。まず、意味がたがいに正反対の関係にある言葉。例えば、「高い」と「低い」はこれにあたる。もう一つは、たがいに対《つい》になる言葉である。「姉」と「妹」などはこのグループといえる。

対義語は一つとは限らない。言葉は多くの意味をもつのがふつうだからだ。例えば、前出の「高い」に対しては「安い」も対義語として正しい。同様に、[　]を基準にすれば、「兄」も「姉」の対義語といえる。

(1) ——線「安い」は、「高い」のどんな意味をもとにしたときに考えられる対義語ですか。次から選び、記号で答えなさい。

ア 身分や地位が上だ。　イ 買うのにお金がかかる。

ウ 声や音が大きい。　エ 上のほうにある。

（　　）

(2) [　　]にあてはまる漢字二字の言葉を書きなさい。

[　　]

3 次の文章を読んで、あとの問いに答えなさい。

笠井一《かさいはじめ》さんは、作家である。ひどく貧乏《びんぼう》である。このごろ、ずいぶん努力して通俗《つうぞく》小説を書いている。けれども、ちっとも、ゆたかにならない。くるしい。もがきあがいて、そのうちに、呆《ぼ》けてしまった。いまは、何も、わからない。いや、笠井さんの場合、何もわからないと、そう言ってしまっても、ウソなのである。ひとつ、わかっている。一寸《すん》さきは[①]だということだけが、わかっている。あとは、もう、何もわからない。ふっと気がついたら、そのような②五里霧中《ごりむちゅう》の、山なのか、野原なのか、街頭なのか、それさえ何もわからない、ただ身のまわりに不愉快《ふゆかい》な殺気だけがひしひしと感じられ、とにかく、これは進まなければならぬ。（太宰治《だざいおさむ》「八十八夜」）

(1) [①]にあてはまる言葉を次から選び、記号で答えなさい。

ア 闇《やみ》　イ 光　ウ 穴《あな》　エ 無　（　　）

(2) ――線②「五里霧中」の意味として正しいものを次から選び、記号で答えなさい。

ア 一面にきりが立ちこめたような天候のこと。

イ 苦難《くなん》からぬけ出そうとむちゅうになること。

ウ きりが晴れるように、全てが明らかになること。

エ どうしてよいかわからず、迷うこと。（　　）

4 次の文章を読んで、あとの問いに答えなさい。

世の中にはみなの意見が一致《いっち》することがらと、そうでないことがらがあります。たとえば目の前に一匹《ぴき》のアマガエルがいるとすると、みなが「それはアマガエルだ」と言うはずです。（中略）カエルが目にみえる物理的な実体であるという感覚を共有しているからです。みなが共有しているということは、この認識《にんしき》（一匹のカエルは実体である）が少なくとも現代においては①客観的に正しいということにほかなりません。

ではなぜ、一匹のカエルは実体なのでしょうか？　おそらく、カエルが周囲のあらゆるものから空間的に独立した存在《そんざい》であり（空間的独立）、かつ私《わたし》たちが見ている間はそのままの姿《すがた》で存在していて、ある瞬間《しゅんかん》に②雲散霧消《うんさんむしょう》するといったことがない（時間的存続）からだと考えられます。

（江崎保男《えざきやすお》「自然を捉《とら》えなおす」）

(1) ――線①「客観的」の対義語を書きなさい。（　　）

(2) ――線②「雲散霧消」の意味を書きなさい。（　　）

ステップ2

勉強した日 月 日

時間 25分
合格点 70点
得点 点

1 次の文章を読んで、あとの問いに答えなさい。

ロシアの映画監督《えいがかんとく》エイゼンシュタインは、映画に「モンタージュ」という手法を取り入れました。たとえば、時間の経過を見せるときに、すべてを映像で説明するのではなく、ある場所の風景を朝、昼、晩《ばん》と映《うつ》し出すだけで、時間の経緯《けいい》を表現しようとしたわけです。現実をありのままに引き写すリアルさではなく、映画は断片《だんぺん》的で、この間をつないでいってくださいと観客に委ねている。全部を連続的に説明するよりも皆《みな》さんの文脈力でこれをつないだほうが、映像としてリアルになりますよ、と。受け取り手の頭の中で起こることを計算してやっているところが、この手法の面白《おもしろ》さです。

ですから、観《み》る側に強烈《きょうれつ》な印象が残りやすい。映画に、主体的に踏《ふ》みこんで関わることが必要とされ、記憶《きおく》を自分でつないでいるからです。

こちらが必然的に関わっていかざるを得ない手法になっているという意味でも、①画期的であったと思います。

相手とコミュニケーションするときに意味をしっかりやりとりできている感触《かんしょく》があると、たがいにガシッとつかみ合っている快感が生まれます。小説を読んだときにもある種の充《じゅう》実《じっ》感を得るのは、現実に対して手ごたえのある感触をつかむからです。

みんながイチローのようになれるはずがありませんが、たとえ草野球のレベルであっても、バッティングに関して、自分はある種のカーブ打ちのコツについて完全につかんだ、といった実感があると、やはり手ごたえを感じます。

何かをガシッとつかまえた感じ、確かに自分はつかんでいるというところに、充実感がある。雲をつかむようなときには不毛《ふもう》な感じで、手ごたえが感じられないものです。明確な手ごたえ、現実に対する明確な手ごたえは、幸福感につながります。

手にガシッと力が伝わる感じは、実際に何かをにぎる感触と密接《みっせつ》に結びついています。たとえばテニスプレーヤーはラケットをにぎった瞬間《しゅんかん》、その感触に充実感がない日はダメだといいます。職人も、道具とフィットしているときには充実感を感じます。てのひらに何かをぐっと感じる。自分が加えた力と、相手から返ってくるものとがフィットして、相手もしくは道具との間に一体感を感じられる。そのときに、うまくつかめているぞという実感がわき起こるわけです。

「将棋《しょうぎ》を指す手が将棋盤《ばん》や駒《こま》になじんでいないのは、将棋へのなじみ方が足りない、勉強が足りない証拠《しょうこ》である」という棋士《きし》の言葉を聞いたことがあります。

また、スポーツジャーナリストによれば、「ピッチャーというのは普通《ふつう》にインタビューするとたいしたことを言わないんだけど、ボールを持つと突然《とつぜん》いいことをいう」という話もあります。ボールを持つと、身体感覚としてそのときの記憶がよみがえってくる。

　イチローだったら、バットをにぎったとたんに集中力が出る。長年の経験知がすべて感覚とセットになっているからで、膨大《ぼうだい》な経験知の引き出しがあるとすると、バットをにぎった瞬間は、引き出しの取っ手に手をかけたようなものです。

　このように、からだを通じたひとつの感覚から状況《じょうきょう》が思い浮《う》かべられて、その状況がさまざまな高度の文脈で連繋《れんけい》している例はたくさんあります。

　これが「技」になっている人は、脈絡《みゃくらく》がないものをぽんと投げかけられると、かえって②面食らいます。

（齋藤《さいとう》 孝《たかし》の文章）

(1) ——線①「画期的」、②「面食らい（面食らう）」の意味として適切なものを次から選び、それぞれ記号で答えなさい。（40点）

①
ア 主体的・必然的な意味で新鮮《しんせん》なさま。
イ 新しい時代を開くような目ざましいさま。
ウ 計画的でとてもきちょうめんなさま。
エ めったにないほど特殊《とくしゅ》なさま

（　　）

②
ア 顔をなぐられてぼうぜんとする。
イ 突然のことに驚《おどろ》きとまどう。
ウ 怒《おこ》って相手を責めたてる。
エ 笑いをこらえきれなくなる。

（　　）

(2) ===線「雲をつかむような」は、どんな意味ですか。次の□にあてはまる三字の言葉を書きなさい。（20点）

・ぼんやりと□どころのない様子。

□□□

（森村学園中—改）

2 次の文章を読んで、あとの問いに答えなさい。

舶来《はくらい》洋品店レックスは、元町でも名高い①老舗《しにせ》で、良人《おっと》の死後は房子《ふさこ》が取りしきっている。その小体《こてい》なスペイン風の二階建《だて》はよく目立ち、厚い白壁《しらかべ》には西洋花頭窓《かとうまど》を穿《うが》って、地味で趣味《しゅみ》のいいディスプレイをしている。小さな中庭《パチオ》と、吹抜《ふきぬ》けの中二階があり、中庭にはスペイン渡《わた》りのタイルを敷《し》きつめ、中央に噴泉《ふんせん》を置いている。無造作にヴィヴァックス*のネクタイを数本腕《うで》にかけた青銅のバッカスなどが、実は②非売品の値《ね》打《うち》物で、この店には商品のほかに、主人の集めた西洋骨董《こっとう》がいっぱいあった。

（三島由紀夫《みしまゆきお》「午後の曳航《えいこう》」）

＊ヴィヴァックス＝イギリスの服飾品《ふくしょく》のブランド。

問 ——線①「老舗」、②「非売品」の意味を、それぞれ書きなさい。（20点×2—40点）

①（　　）

②（　　）

2 指示語・接続語をおさえる

学習のねらい

指示語が指し示す対象をきちんととらえたり、接続語の働きを理解し、語の前後関係をきちんととらえたりすることができるようにする。

勉強した日　月　日

ステップ1

1 次の文章を読んで、あとの問いに答えなさい。

中学生の息子《むすこ》はバスケット部に所属している。顧問《こもん》の先生も部員たちもなかなか熱心で、かなり強いほうだ。県大会に進むことを年間目標にしているが、①これがそう簡単《かんたん》ではない。息子の中学のある地区は強豪校《きょうごうこう》ぞろいなのである。一回戦、二回戦は楽に勝ち進んでも、三回戦ぐらいになると、必ず格上のチームと当たることになる。くじ運がなあ、となげく私《わたし》。えっ、あそこが、と思うようなところが、幸運にめぐまれて県まで進んでしまうこともあるのだから、なげきたくもなるのだ。

もっとも、「②そんなことは関係ない。」ときっぱり言い切って、もくもくと練習にはげむ息子を見ていると、なげいた自分がはずかしくなってくる。

問　——線①「これ」、②「そんなこと」は、それぞれ何を指していますか。②は、三字の言葉で書きなさい。

①（　　　）　②［　　　］

2 次の文章を読んで、あとの問いに答えなさい。

緑の豊かな鎌倉《かまくら》に暮《く》らしていると、しばしば野生動物と遭遇《そう》《ぐう》する。私は毎朝、コーヒーを飲みながら、部屋の窓《まど》から庭とその向こうに広がる海をながめるのを日課としている。［①］、八時半ごろ、決まって電話線の上を走りすぎるリスを見ることになる。まことにほのぼのとした風景である。

［②］、動物との距離《きょり》が近いのはいいことばかりではない。以前、公園で、手に持った弁当に突然《とつぜん》リスが飛びついてきて、きもを冷やしたことがある。［③］、海辺で昼食をとっているとき、急降下《こうか》してきたトビにおにぎりをかすめとられたことも一度や二度ではない。

問　［①］～［③］にあてはまる言葉を次から選び、それぞれ記号で答えなさい。

ア ところで　イ また　ウ すると　エ だが

①（　　）　②（　　）　③（　　）

3 次の文章を読んで、あとの問いに答えなさい。

お釈迦《しゃか》様は地獄《じごく》のようすをご覧《らん》になりながら、この犍陀多《かんだた》には蜘蛛《くも》を助けたことがあるのをお思い出しになりました。そうしてそれだけのよいことをした報《むく》いには、できるなら、この男を地獄から救い出してやろうとお考えになりました。幸《さいわ》い、そばを見ますと、翡翠《ひすい》のような色をした蓮《はす》の葉の上に、極楽《ごくらく》の蜘蛛が一匹《ぴき》、美しい銀色の糸をかけております。お釈迦様はその蜘蛛の糸をそっとお手にお取りになって、玉のような白蓮《しらはす》の間から、はるか下にある地獄の底へ、まっすぐにそれをおおろしなさいました。

こちらは地獄の底の血の池で、ほかの罪人といっしょに、浮《う》いたり沈《しず》んだりしていた犍陀多でございます。なにしろどちらを見ても、まっ暗で、たまにそのくら暗《やみ》からぼんやり浮き上がっているものがあると思いますと、それは恐《おそ》しい針《はり》の山が光るのでございますから、その心細さと言ったらございません。□あたりは墓の中のようにしんと静まり返って、たまに聞《きこ》えるものといっては、ただ罪人がつくかすかな嘆息《たんそく》ばかりでございます。これはここへ落ちて来るほどの人間は、もうさまざまな地獄の責苦《せめく》に疲《つか》れはてて、泣声《なきごえ》を出す力さえなくなっているのでございましょう。ですからさすが大どろぼうの犍陀多も、やはり血の池の血にむせびながら、まるで死にかかった蛙《かわず》のように、ただもがいてばかりおりました。

（芥川龍之介《あくたがわりゅうのすけ》「蜘蛛の糸」）

(1) ――線「それ」は、何を指していますか。（　　　）

(2) □にあてはまる言葉を次から選び、記号で答えなさい。（　　）

ア それで　イ しかし
ウ その上　エ さて

4 次の文章を読んで、あとの問いに答えなさい。

ボーイが厳《おごそ》かに持ってきたのが、立派《りっぱ》な皿の上に形はハンバーガーのバウンズだが、パサパサでゴワゴワの乾《かん》パンみたいな代物《しろもの》に、どうやって形にしたのか不思議なくらい雑な「挽肉《ひきにく》」のやたらと硬《かた》いばかりで味のないハンバーガーだった。インドだから当然、ビーフではなく、羊である。味もまるっきり違《ちが》う。あまりのことに、「もうどうにでもして」と自虐《じぎゃく》的な気分になり、ホットドッグも頼《たの》んでしまったら、案の定、魚肉ソーセージが大ご馳走《ちそう》に思えてしまうようなすさまじいものだった。このホテルの名誉《めいよ》のためにいっておきたいのだが、こういった「洋食」以外はまっとうである。カレーはちゃんと旨《うま》かった。

□、腕《うで》の問題ではなく、経験や認識《にんしき》がないところには実体もない、ということだ。

（森枝卓士《もりえだたかし》「東方食見聞録」）

問 □にあてはまる言葉を次から選び、記号で答えなさい。（　　）

ア さらに　イ つまり
ウ または　エ ところが

ステップ2

時間 25分　合格点 70点　得点　点

勉強した日　月　日

1 次の文章を読んで、あとの問いに答えなさい。

推敲《すいこう》というのは、しばしば、それを普段《ふだん》の自分に引きもどすことである。言葉の力にうごかされて書いていたときには、世間の常識とか暗黙《あんもく》のルールなどから自由になっていたのに、推敲をするときには表層《ひょうそう》の自分にある常識人が頭をもち上げてくる。ここはこう直すほうが分かりやすいだろうとか、こんなことまで書いてはまずいのじゃないかとか、常識人の配慮《はいりょ》がはたらきがちである。とりわけ、文章を書きなれない人の原稿《げんこう》を見ると、推敲によって文章の力が弱められていることが実に多い。

なかでも多いのは、起承転結信仰《しんこう》である。起承転結は実用文の技術の一つであるのに、文章というものには起承転結がなければならないと信じこんで、書き終わった文章に「結」がないと思うと無理にでも「結」を書き加える。私《わたし》はここ一年半ばかりカルチャースクールのエッセー講座《こうざ》で受講生の作品をかなりたくさん見てきたが、余計な「結」に、よくお目にかかる。私は添削《てんさく》で終わりの何行かをばっさり切ることが多い。書いた本人に聞いてみると、その部分はたいていあとで書き足している。

私たちは偶然《ぐうぜん》にみちた世界に生きている。世の中のことは都合よく起承転結という型にしたがって流れてはくれない。そのなかに生きる私たちの人生も、ここまでは「承」で、ここからが「転」という具合にはいかない。「一寸《すん》先は闇《やみ》」である。誰《だれ》も未来をあらかじめつくっておくことはできない。偶然と＊混沌《こんとん》に秩序《ちつじょ》を与《あた》えたいという気持ちは分からなくはないけれども、①それはごまかしにすぎないだろう。この世界とそこに生きる自分に向きあうならば、それを切りとる便利な型などないと覚悟《かくご》しなければならない。

起承転結という型にとらわれていたら、見えるはずのものも見えなくなる。闇の奥《おく》へ飛びこむことはやめて、その手前のところで、とりあえず安心できる秩序をつくってしまうからである。それはたぶん、世の中の暗黙の約束ごとへの妥協《だきょう》なのである。いや、妥協というのはいやいやながらするものだが、自分からもとめて②そこへ身を寄せてゆくのである。

文章を書くということは、そういう安全圏《けん》から踏《ふ》み出してゆくことではないかと思う。もちろん、ここでいう文章は実用の文章ではないけれども、③それは一つの冒険《ぼうけん》なのだ。どこへ行きつくかは分からない。地図も案内者もなく、お手本もなく、自分ひとりで知らないところへ分け入ってゆく。おそろしいことである。とともに、自由である。安全圏にいたときに自分を縛《しば》っていた多くのものから解き放たれている。書くということは、そのおそろしい自由を内にはらんでいる行《こう》為《い》であろう。道具として使用する言葉は社会共有のものであり、言葉を使う上での約束ごとはある。日本語には日本語の約束ごとがあって、日本語を英語の構文で書くわけにはいかないし、まして、書いた本人にしか通じない文字をつくりだすわけにはいかない。[　　]、言葉というのは不思議なものである。社会共有のものであると同時に個人のものであるという、ヌエ*のようなものなのだ。書かれたものは、暗号でないかぎり、その言葉を共有する社会のだれにでも（文字を読める人には）伝えられうる。誤読《ごどく》もふくめて、とにかく了解《りょうかい》されるようになっている。だが、同時に、書くという行為は社会の共通の約束ごとから自分を切りはなすことでもある。四六時中、社会とのつながりのなかで生きていないと不安な人にとっては、それは淋《さび》しく、おそろしいことだろう。

（高田《たかだ》 宏《ひろし》「日本語への処方箋《しょほうせん》」）

*混沌＝入り混じって区別がつかないさま。
*ヌエ＝得体のしれないもの。

(1) ——線①「それ」、②「そこ」、③「それ」は、それぞれ何を指していますか。(15点×3—45点)

①（　　）
②（　　）
③（　　）

(2) [　　]にあてはまる言葉を次から選び、記号で答えなさい。(15点)

ア それで　イ しかし　ウ しかも　エ さて

（明治大付属明治中—改）（　　）

2 **次の文章を読んで、あとの問いに答えなさい。**

私どもが旅行をしますと、汽車の弁当を食ったり、旅館の料理を食ったりしなければなりませんが、それらはいかにも不味《まず》くてまったく閉口《へいこう》します。そういう日本料理というものはまるでなっていません。まだ西洋料理ならいくらか食べられます。[①]、中国料理でもそうです。してみると、西洋料理とか中国料理とかいうものは、拵《こしら》え方がやさしいのだ、単純《たんじゅん》なのだ。ひと通り覚えれば、誰にでも簡単《かんたん》にやれるのでありましょう。[②]、日本料理というと、そうはいかないのでありまして、私どもが料理人を使っていて、朝から晩《ばん》までガミガミいっていましても、なかなかうまく出来ない。しかし、日本料理がうまく出来ると、われわれ日本人には誰の嗜好《しこう》にも合って、その料理がわれわれの味覚にぴったり適するのです。

（北大路魯山人《きたおおじろさんじん》「日本料理の基礎観念《きそかんねん》」）

(1) ——線「それら」は、何を指していますか。(10点)

（　　）

(2) [①]・[②]にあてはまる言葉を次から選び、それぞれ記号で答えなさい。(30点)

ア だから　イ ところが　ウ そして　エ また

①（　　）　②（　　）

ステップ3

時間 45分 合格点 70点 得点 点

1 次の文章を読んで、あとの問いに答えなさい。

かつてであれば、悩《なや》みのタネを解消するのは呪術《じゅじゅつ》や宗教《しゅうきょう》の役割《やくわり》でした。哲学《てつがく》にもそれが期待されていたかもしれません。しかし、現代で①それらに匹敵《ひってき》する役割を期待されているのは、科学です。少なくとも、私《わたし》たちは、科学によって幸福の障害《しょうがい》になるものが確実に少しずつ取り除《のぞ》かれていくに違《ちが》いないと期待してきました。

この意味で東日本大震災《だいしんさい》と福島《ふくしま》の原発事故《げんぱつじこ》は大きな意味をもつ出来事だったといえます。なぜなら、私たちの「科学への信頼《しんらい》」が大きく揺《ゆ》らいだからです。もっといえば、その信頼の喪失《そうしつ》といってもいいかもしれません。

たしかに震災で、いろいろなものが失われました。家族、友だち、家、思い出、花壇《かだん》、未来、会社、心、貯金、家畜《かちく》、お客さん、田畑、気力、愛犬、希望……。人の数だけ、失われたものはさまざまでしょう。[①]、死者や行方《ゆくえ》不明者の「生命」を別にすれば、「科学への信頼」が失われつつあることが、最も大きな喪失感の核《かく》となっているのではないでしょうか。

私たちは、何よりも原発事故を通じて、メディアから発せられる科学の語彙《ボキャブラリー》と、われわれの日常感覚の乖離《*かいり》に悩まされました。あの恐《おそ》ろしい事故のあと、ほとんど馴染《なじ》みのないシーベルトとベクレルという単位がメディアを駆《か》けめぐりました。そして小学生の子供《こども》が理科の授業でも受けるように、人間が一年に自然に浴びる放射線量はいくらであり、一回のレントゲン撮影《さつえい》で受ける線量はいくらであり、長期にわたって被曝《ひばく》しなければ、健康への影響《えいきょう》はほとんどないといった説明を繰《く》り返《かえ》し聞かされました。

たしかにそれは何か②単純明快《たんじゅんめいかい》で、疑問《ぎもん》の余地のないようにも思えるのですが、そう聞いて、「そうですか、それはよかった」と安心した人は、この日本に何人いたでしょうか。

デジタル時計のように放射線のレベルを正確に示しているその数値《すうち》と、ナマの生きものとして私たちが感じる不安や恐怖《きょうふ》の落差、あるいは隔絶感《かくぜつ》。この経験は、スリーマイルやチェルノブイリの先例があるとはいえ、規模《きぼ》と甚大《じんだい》さの点でおそらく未曾有《*みぞう》のものでした。

悲しいことに、このような恐ろしい出来事が起きなければ、私たちは科学の言語がこれほどわれわれの身体感覚からかけ離《はな》れたものになっていたことに、永遠に気づかずに終わっていたのかもしれません。

[②]、なぜ、科学との隔絶感が、われわれをかくも絶望

させるのでしょうか。

それは、科学と呼ばれるものが、いつの間にか、私たちにとって擬似《ぎじ》宗教的なものになっていたからです。といっても、仏教やキリスト教のような具体的な信仰《しんこう》のことではありません。「よりどころ」とか「心のよすが」とかいったものです。そのような位置に、いつのころからか科学が大きく陣取《じんど》っていたのです。それへの信頼が失われたため、私たちは足もとの床《ゆか》が抜《ぬ》けたような不安に駆られることになったのです。

たとえていえば、自分に活力を与《あた》えてくれる栄養だと思って毎日食べていたものが、実は身体を害する毒だったのかもしれない、いや毒に違いないと思うようになったようなものです。この先何を食べていいかわからなくなったのですから「裏切《うらぎ》られた」という感覚は大きいわけです。

すでにウィリアム・ジェイムズは、一九世紀末、「多くの人々にあっては、『科学』はまぎれもなく宗教の位置を占《し》めつつある」と指摘《してき》し、そのような場においては、「『自然の法則』が、「崇拝《すうはい》さるべき」ものとなっている（『宗教的経験の諸相《しょそう》』）と述べています。［③］、科学が神のような存在《そんざい》になっているということです。

先見の明のある＊謂《いい》だったこの言葉は、その数十年後には当たり前のこととなり、一〇〇年後のわれわれには、もはや意識せざる日常の前提となっていました。しかし、原発の事故によって、③それが一気に覆《くつがえ》されてしまったのです。

（姜《カン》 尚中《サンジュン》「続・悩む力」）

＊乖離＝離ればなれになること。
＊未曾有＝いまだかつて起こったことがないこと。
＊謂＝表現。

(1) ——線①「それら」は、何を指していますか。(10点)

（　　　）

(2) ——線②「単純明快」の意味として最も適切なものを次から選び、記号で答えなさい。(10点)

ア 一つの答えが明らかになるさま。
イ きれいにまとまっていて気持ちがよいさま。
ウ 簡単《かんたん》な形に省略されているさま。
エ 複雑ではなくわかりやすいさま。

（　　）

(3) ［①］～［③］にあてはまる言葉を次から選び、それぞれ記号で答えなさい。(15点)

ア では　イ しかし
ウ つまり　エ そして

①（　　）②（　　）③（　　）

(4) ——線③「それが一気に覆されてしまった」とは、どういうことですか。「それ」の内容がわかるように、本文中の語句を用いて二十字以内で説明しなさい。(20点)

（関東学院六浦中—改）

2 次の文章を読んで、あとの問いに答えなさい。

このごろの本は表紙で売る。先日、出版社の人からそんな話をきいて、まさかと思った。いくら何でも、そんなことはあるまい。［①］、あとで考えているうちに、いっこうにパッとしなかった私《わたし》のある本が、選書のカバーが新しいデザインになったとたんに売れ出したのを思い出した。やっぱりそうか。

主婦が八百屋でキュウリを選ぶときにも、まずスタイルを気にする。曲《まが》ったのは〝いやーねえ〟と敬遠《けいえん》されてしまうから、農家はとにかくまっすぐでありさえすれば、と思うようになる。ミカンはミカン色、お茶はお茶らしい色をしていないとお客様が承知しないから着色加工がされるようになる。そんなのはまだお愛嬌《あいきょう》である。デパートで正札《しょうふだ》千五百円の下着があまり売れないから、二千五百円に正札をつけ替《か》えたら売れるようになった。品物を買っているのではなく、値段《ねだん》を買っている。安物はいや、高級品を買いたい、いや、そうではない。高級のイメージを買いたいのである。

人間だってそうだ。ろくによく知りもしないくせに、〝あの人いい感じ〟だったり〝いやな感じ〟となったりすると、評価はそれで決まってしまう。人間も中身よりカバーか。男性カツラが売れるはず。この世はあげて面食いになったらしい。

それでちょっと気になり出したのが、このごろ若《わか》い政治家が妙《みょう》に男前になってきたことだ。急に生まれ変わるわけにはゆかないから、やはり選挙のせいに違《ちが》いない。面食い有権《ゆうけん》者から〝いい感じ〟と思われないと当選しないのではあるまいか。それでハンサム・ボーイがふえたのだろう。それはいいが、タレントや役者のような人間でないと選挙に勝てぬとなったらどうする。それこそ議会政治の危機《きき》である。

テレビのコマーシャルがおもしろかったから、あの味噌《みそ》を買ってみようか、という奥《おく》さん。建物が堂々としているからあの大学にしようかと考える受験生。面食い文化は広く深く現代に浸透《しんとう》している。どうしてこういうことになったのか。一口で言ってしまえば、教育普及《ふきゅう》のせいである。

教育はすべての事象《じしょう》を言語に置《お》き換《か》えて処理《しょり》する。知識も思考も、すべて言語を通じて行われる。ある有名な文学者が田舎《いなか》へ行って、カエルのなき声をきいて、何だと言ったそうだ。もちろん文学の中ではカエルはゲロゲロ鳴いているのだが、ほんもの?はきいたことがなかったらしい。こういう人でも文豪《ぶんごう》になりうるのが人間社会のおもしろいところである。

現実や実態を言語という記号へ翻訳《ほんやく》して扱《あつか》うから、複雑なことも比較《ひかく》的簡単《かんたん》な形にして理解することができる。教育は言葉による教育である点はもっとしばしば反省されてよい。同世代の九〇％以上が高校進学、同じく三五％以上が大学進学といういまの日本は、これまでになく言語人間をたくさん育てていることになる。

高等教育を受けた人は一般《いっぱん》に言葉に神経質で、言葉にこだわるが、そのわりに現実についての関心はあいまいなことが多い。言葉づらさえよければ納得《なっとく》するのであろうか。［②］、これが面食い文化を生み出すというわけだ。

（中略）

ベルを鳴らして犬に餌《えさ》を与《あた》えることを繰《く》り返《かえ》すと、［③］、ベルをきかせるだけで、犬はだ液を分泌《ぶんぴ》するようになる。パブロフの条件反射《はんしゃ》である。ところが、人間は餌をもらわなくても、ただ、絵にかいたご馳走《ちそう》を見せられて、おいしい、と教えられると、味わったことのない料理を珍味《ちんみ》だと言ってはばからなくなる。頭がいいのか、お人好《ひとよ》しか、わからないが、犬ほどに正直でないのだけははっきりしている。

学校教育は実際の料理を与えないで、写真のご馳走を見せて、これが料理だ、おいしいのだと言いきかせる洗脳《せんのう》を行う。うまく洗脳されたのが優等《ゆうとう》生というわけだ。①絵にかいた餅《もち》はどうせ食べられないのだから、せめて美しくかいておいてほしい。それが面食い人間の腹《はら》の中。

文学もまた面食い文化の一翼《いちよく》を担《にな》っているように思われる。ドイツ人は午前中にゲーテ*を読み、午後は平然と大量殺人のガス室のコックをひねったではないか。文学のヒューマニズム*がきいてあきれる。そういう告発をしたユダヤ系文学者がある。文芸長く欺《あざむ》きぬ*、というわけか。

文学青年などといわれる人の中に、芸術作品の中にあらわれる人間とか現実にのみ興味をもち、②それには実に微妙《びみょう》な反応を示すのに、われわれをとりまくナマの現実にはまるで関心がないということがすくなくない。小説の主人公には深い共感を示すのに、浮世《うきよ》でつき合う人間にはほとんど関心をもたないという人がすくなくない。

（外山滋比古《とやましげひこ》「ライフワークの思想」）

＊ゲーテ＝ドイツの詩人・小説家。
＊ヒューマニズム＝人間的なことを尊重《そんちょう》する思想。
＊文芸長く欺きぬ＝文学は人をだましていた。

(1) ［①］〜［③］にあてはまる言葉を次から選び、それぞれ記号で答えなさい。(15点)

ア そして　イ やがて　ウ ところが　エ つまり

①（　）②（　）③（　）

(2) ——線①「絵にかいた餅」の意味として最も適切なものを次から選び、記号で答えなさい。(10点)

ア つりあわないこと。
イ つまらないものでも、ないよりはましということ。
ウ 人の好みもいろいろあるということ。
エ 実際には何の役にも立たないことのたとえ。

（　）

(3) 「枯れ木《かき》も山のにぎわい」ということわざの意味を、(2)のア〜エから選び、記号で答えなさい。(10点)

（　）

(4) ——線②「それ」は、何を指していますか。(10点)

（　）

（千葉日本大第一中—改）

3 心情を読み取る

学習のねらい

人物の心情は、地の文や会話文だけでなく、人物の行動や情景にたくして述べられることがある。人物の心情を読み取り、物語の理解を深めるようにする。

勉強した日　月　日

ステップ1

❶ 次の文章を読んで、あとの問いに答えなさい。

新学期の初めの日はひどい雨で、始業式は体育館で行われた。急な雨で体育館ばきの用意がなかったのか、生徒たちはみんなソックスすがただった。校長先生のあいさつが始まった。だが、それは僕《ぼく》の耳には入らない。話がつまらなかったわけではない。校長先生の話はいつもユーモラスで、それに耳をかたむけることは苦痛《くつう》などでは決してなかった。僕はほかのことに熱中していたのである。実はその日はいていた青いアーガイル模様《もよう》のソックスの親指のところに大きなあながあるのを、僕は見つけてしまったのだった。僕はソックスを少しずり下げて、指のうら側にたくしこもうとした。こうすれば、あなは外から見えなくなる。だが、あなは大きくて、作業は思いどおりに進まない。

問　——線「それは僕の耳には入らない」とありますが、なぜですか。次の文中の□にあてはまる「僕」の心情を表す五字の言葉を、考えて書きなさい。

・ソックスのあなが□て、それをかくすのに夢中だったから。

□□□□□

❷ 次の文章を読んで、あとの問いに答えなさい。

「おみこし」の中に住みたい、と思う。

別にかつがれたいわけでもかついでいるわけでもないのだが、ああいう、人間の生活用にはできていない部屋を見るとむしょうに住みたくなってしまうのだ。

それはおみこしに限らない。たとえば中津《なかつ》の済生会《さいせいかい》病院の屋上に小さなゴチック*風の塔《とう》が立っていて、そのてっぺんの避雷針《ひらいしん》だったか十字架《か》だったかの下に小さな小さな部屋がある。

あるいは東京のかちどき橋の橋のまん中あたりに、たぶん隅田川《すみだがわ》の水位を監視《かんし》する小屋なのだろう、二畳《じょう》ほどのコンクリート造りの部屋がふたつ橋ゲタの上に建っている。

ああいうのを見ると矢も楯《たて》もたまらなくなってきてしまう。

（中島《なかじま》らも「恋《こい》は底ぢから」）

*ゴチック＝中世ヨーロッパの美術様式。高く空に向かってのびるとがった塔が特徴《とくちょう》的。

問　筆者が「住みたい」と思うのは、どんな部屋ですか。まとめて言い表した言葉をさがして、二十字以内でぬき出しなさい。

❸ 次の文章を読んで、あとの問いに答えなさい。

子供《こども》時代北京《ぺきん》にいた。北京にもすし屋はあった。時々、ジャノメというすし屋から出前をとっていた。四歳か五歳《さい》だったのだが、私《わたし》にはジャノメということばはすしと直結していて、ジャノメとすしの区別がついていなかった。ある日絵本を見ていたら、「あめあめふれふれかあさんが、ジャノメでおむかえうれしいな」という歌があり、和服を着てかさをさしている母さんと女の子の絵があった。私はオーと声をあげんばかりだった。ジャノメのすし屋で母さんが待っているのだ。私は何度も何度もその絵を見るのであった。身体《からだ》中がよだれにまみれるのである。

なんと優《やさ》しい母さんであろう。

（佐野洋子《さのようこ》「あれも嫌《きら》い　これも好き」）

問　――線「なんと優しい母さんであろう。」とありますが、「私」はなぜそう思ったのですか。次の文中の□に入る言葉を、右の文章中からぬき出しなさい。

・「私」は□ので、母さんがジャノメのすし屋で待っていると思ったから。

（　　　　）

❹ 次の文章を読んで、あとの問いに答えなさい。

自分が中学の四年生だった時の話である。その年の秋、日光《にっこう》から＊足尾《あしお》へかけて、三泊《ぱく》の修学旅行があった。「午前六時三十分上野《うえの》停車場前集合、同五十分発車……」こういう箇条《かじょう》が、学校から渡《わた》す謄写版《とうしゃばん》の刷物《すりもの》に書いてある。当日になると自分は、ろくに朝飯も食わずに家をとび出した。電車でゆけば停車場まで二十分とはかからない。――そう思いながらも、何となく心がせく。停留場の赤い柱の前に立って、電車を待っているうちも、気が気でない。

（芥川龍之介《あくたがわりゅうのすけ》「父」）

＊足尾＝栃木《とちぎ》県西部の地名。

(1) 修学旅行に少しでも早く参加したい「自分」の気持ちは、どんな行動に表れていますか。それをえがいた一文を本文中から探《さが》し、初めの四字をぬき出しなさい。

(2) ――線「心がせく」とありますが、これとほぼ同じ気持ちを表している六字の言葉を、本文中からぬき出しなさい。

ステップ2

勉強した日	月	日

時間	合格点	得点
25分	70点	点

1 次の文章を読んで、あとの問いに答えなさい。

〔ぼく…ミライとアスカの父であり、今日子《きょうこ》の夫。今日子は入院生活から一時的に家へと帰ってきている。ウシロは、ぼくの仕事仲間だった人。〕

気温が高いせいか、溶《と》けてしまいそうな感覚がある。ぼくはぼくであり、家族であり、ミライであり、今日子でもアスカでもある。なんかこれは電子雲みたいだ。ぼくたちはこの部屋の中で、確率密度《みつど》の雲となって存在《そんざい》しているのだ。ウシロは「ツブツブだ」と断言したけれど、やはりぼくらは曖昧《あいまい》な雲になって、時々、境界を*侵犯《しんぱん》し合う。

ぼくは、はっとした。①ツブツブよりも、雲の方がよいと思った理由。それって、ツブツブは孤独《こどく》だからだ。せっかくお互《たが》いに交わっているのに、境界をしっかり設けて、あくまで個別であろうとする。それって、淋《さび》しい。

だとしたら、雲のイメージだけじゃなく、超《ちょう》ひもの方だって結構イケる。ぼくたちが、「超ひもの振動《しんどう》状態」だとしたら……。セミの鳴き声、心臓《しんぞう》の鼓動《こどう》、レゴブロックが立てる音、そして、アスカが夢の中で踊《おど》っているに違《ちが》いないダンスのリズム。ぼくたちの振動は重ね合わされて、干渉《かんしょう》しあい、個々のものとしてではなく、全体としてひとつのパターンに*収斂《しゅうれん》する。それはこの四人でしか作り出せない、唯一無二《ゆいいつむに》のものであるはずだ。

ミライやアスカがもっと小さい頃《ころ》には、頻繁《ひんぱん》にこういう感覚を抱《いだ》いていた気がする。今日子の不在が当たり前になった暮《く》らしの中で、ぼくはこういった一体感を久しく感じていなかった。

目をとじるとさらに感覚が鋭敏《えいびん》になる。

②お互いに混じりあい、揺《ゆ》れあい、みんなでひとつだ。

体が熱く、目が潤《うる》んできた。

「とうちゃん――」ミライが外側から呼《よ》びかけた。

「なんでさあ、おいしゃさんは、ママのビョーキをなおせないんだ」

広がっていた意識が収斂し、ぼくは潤んだ目のままミライを見つめた。

「ぜんぶバラバラにしちゃだめなのか。そして、くみたてるんだ」

ミライの隣《となり》には完全に修復されたミライハウスがあった。

「なあとうちゃん、ひとつひとつバラバラにしちゃえばいいんだ。そしたら、クスリがカラダまでやっつけなくてすむだろ」

バラバラというのは手術のことであって、体のどこかに潜《ひそ》んでいるがんの芽まで摘《つ》むことはできないから化学療法《りょうほう》に頼《たよ》っているわけだ。

説明しようと言葉を探《さが》す間に、ミライは言葉をつないだ。「ほら、ソリューシとか、デンシとか、あるだろ。あれで、ガンじゃないソリューシやデンシだけを使って、くみたてなおせばいいじゃないか」

「そうは言ってもなあ……」ぼくは腕《うで》を組んだ。

③「な、それがいいだろ、とうちゃん」

ミライの目はあくまで真剣《しんけん》で、絶対に譲《ゆず》らないというように口を引き結んでいた。

ぼくは、しんしんと切なくなった。

（川端裕人《かわばたひろと》「てのひらの中の宇宙《うちゅう》」）

＊侵犯＝権限《けんげん》を越《こ》えて、他人の範囲《はんい》に立ち入ること。
＊収斂＝収縮《しゅうしゅく》すること。

(1) ——線①の理由になるように、次の文中の ① ・ ② にあてはまる二字の言葉を、それぞれ本文中からぬき出しなさい。（40点）

・「ツブツブ」は ① を作ってしまい、 ② であろうとするところに、ぼくは淋しさを感じてしまうから。

① ＿＿ ② ＿＿

(2) ——線②の場面で、「ぼく」は何を感じていますか。本文中から漢字三字でぬき出しなさい。（20点）

＿＿＿

(3) ——線③のときのミライの気持ちに合うものを次から選び、記号で答えなさい。（20点）

ア どうして病気を治せないのかわからないという気持ち。
イ わかるようによく説明してほしいという気持ち。
ウ 自分の論理《ろんり》は絶対に正しいんだという気持ち。
エ 母の病気を絶対に治してやるという気持ち。

（関東学院六浦中—改）（　　）

2 次の文章を読んで、あとの問いに答えなさい。

良平《りょうへい》は鉄道工事に使われるトロッコに乗るのが夢だった。ある日、二人の工夫《こうふ》にトロッコに乗ることを許された。良平は喜んでトロッコを押《お》し、乗ることを楽しんだ。

竹やぶのある所へ来ると、トロッコは静かに走るのをやめた。三人はまた前のように、重いトロッコを押し始めた。竹やぶはいつか雑木林になった。爪先《つまさき》上がりのところどころには、赤さびの線路も見えないほど、落ち葉のたまっている場所もあった。その道をやっと登り切ったら、今度は高い崖《がけ》の向こうに、広々と薄《うす》ら寒い海が開けた。と同時に良平の頭には、あまり遠く来過ぎたことが、急にはっきりと感じられた。

三人はまたトロッコへ乗った。車は海を右にしながら、雑木の枝の下を走っていった。しかし良平はさっきのように、おもしろい気持ちにはなれなかった。

（芥川龍之介《あくたがわりゅうのすけ》「トロッコ」）

問　遠くへ来過ぎてしまったことに気づいた良平の心細い気持ちが、情景にたくしてえがかれています。その一文を本文中から探し、初めの四字をぬき出しなさい。（20点）

＿＿＿＿

4 心情の移り変わりをつかむ

学習のねらい
物語の読み取りでは、登場人物、特に主人公の心情の変化をつかむことが大切。行動や会話文からもその変化を読み取れるようにする。

勉強した日　月　日

ステップ 1

❶ 次の文章を読んで、あとの問いに答えなさい。

「たまには自分で部屋を片付《かたづ》けなさい。」

突然《とつぜん》母に言われていやな気持ちになった。いつもは他の部屋といっしょに母がやってくれているのだ。

「どうせ他の部屋もやるんだろう。ついでにたのむよ。」

言い置いて、家を飛び出た。

公園に来ると、二人の子どもを連れたお母さんに出会った。お母さんが歩きながら赤ちゃんをあやしている間、お姉ちゃんらしい小さな女の子は、だまって空のベビーカーをおしている。お母さんと赤ちゃんをみつめるその目はおだやかでやさしい。

ぼくは急にはずかしくなって、家にかけもどり、もうぜんと部屋のそうじを始めた。

一時間後、見ちがえるようにきれいになった部屋で、ぼくはなんともいえないすがすがしさに包まれていた。

問 ——線「いやな気持ち」で家を出た「ぼく」は、どんな気持ちに変わりましたか。それがわかる言葉を文章中から六字でぬき出しなさい。

❷ 次の文章を読んで、あとの問いに答えなさい。

「阿Q正伝《あきゅうせいでん》」などの作品で知られる中国の文学者・魯迅《ろじん》は、医者を志して日本に留学し、仙台《せんだい》で医学を学んでいた。あるとき、戦争のニュース映画《えいが》を見る機会があった。そこにはスパイ容疑《ようぎ》で外国の兵隊に処刑《しょけい》される中国人と、それを喜んで見物する中国の人々のすがたが映《うつ》し出《だ》されていた。同胞《どうほう》たちの無知で*無節操《むせっそう》なすがたを見た魯迅は、大きな衝撃《しょうげき》を受けた。しばらくの後、魯迅は仙台を去った。人の心は医学では救えない——そう思った魯迅は、医学を捨《す》て、文学者として中国の人々の精神を治療《ちりょう》することを決意したのである。

*無節操=しっかりした考えがなく、成り行き任せなさま。

問 魯迅が医学から文学へと志望を変えたのは、どんな考えからですか。それがわかる言葉を本文中から十五字以内でぬき出しなさい。

3 次の文章を読んで、あとの問いに答えなさい。

母の容体《ようだい》が思わしくなく、姉から、生まれて初めての級友との一泊《ぱく》旅行をやめてもらうかもしれないと言われた「僕《ぼく》」は、泣きながら誰《だれ》もいない父の書斎《しょさい》に駆《か》けこんだ。

いつも父の座《すわ》る大ぶりな椅子《いす》。そして、ヒョイッと見ると、卓《たく》の上には、胡桃《くるみ》を盛《も》った皿が置いてある。胡桃の味なぞは、子供《こども》に縁《えん》のないものだ。イライラした気持ちであった。

どすんと、その椅子へ身を投《な》げ込《こ》むと、僕は胡桃を一つ取った。そして、冷たい*ナット・クラッカーへ挟《はさ》んで、片手《かたて》でハンドルを圧《お》した。小さな掌《てのひら》へ、かろうじて納《おさ》まったハンドルは、胡桃の固い殻《から》の上をグリグリとこするだけで、手応《てごた》えはない。「どうしても割《わ》ってやる」そんな気持ちで、僕はさらに右手の上を、左手で包み、膝《ひざ》の上で全身の力を籠《こ》めた。しかし、級の中でも小柄《こがら》で、きゃしゃな自分の力では、ビクともしない。

左手の下で握《にぎ》りしめた右の掌の皮が、少しむけて、ヒリヒリする。僕はかんしゃくを起こして、ナット・クラッカーを卓の上へ放り出した。クラッカーは胡桃の皿に激《はげ》しく当たって、皿は割れた。胡桃が三つ四つ、卓から床《ゆか》へ落ちた。

そうするつもりは、さらになかったのだ。ハッとして、椅子を立った。

僕は二階へ駆け上り、勉強机《づくえ》にもたれてひとりで泣いた。その晩《ばん》は、母の病室へも見舞《みまい》に行かずにしまった。

しかし、幸いなことには、母の病気は翌日《よくじつ》から小康を得て、僕は日光《にっこう》へ遠足に行くことが出来た。

襖《ふすま》をはらった宿屋の大広間に、ズラリと蒲団《ふとん》を引きつらねたその夜は、実に賑《にぎ》やかだった。果てしなくはしゃぐ、子供達の上の電灯は、八時頃《ごろ》に消されたが、それでも、なかなか騒《さわ》ぎは鎮《しず》まらなかった。

いつまでも僕は寝《ね》つかれず、東京《とうきょう》の家の事が思われてならなかった。やすらかな友達の寝息が耳につき、覆《おお》いをした母の部屋の電灯が、まざまざと眼《め》に浮《う》かんできたりした。僕は、ひそかに自分の性質を反省した。この反省は、僕の生涯《しょうがい》の最初のものであった。

（永井龍男《ながいたつお》「胡桃割り」）

*ナット・クラッカー＝胡桃割り。固い木の実を割る道具。

問　――線「自分の性質」とは、どんな性質ですか。次から適切なものを選び、記号で答えなさい。

ア　周囲の人々の気持ちを考えない、自己中心的な性質。

イ　自分の力を考えず、力任せに行動してしまう性質。

ウ　状況《じょうきょう》の変化によって、すぐに考えを変えてしまう性質。

エ　友人たちに背《せ》を向け、自分の殻にこもる性質。

（　　）

ステップ2

時間 25分
合格点 70点
得点 点

勉強した日 月 日

1 次の文章を読んで、あとの問いに答えなさい。

〔由美《ゆみ》は、夫の悟《さとる》を病気で亡《な》くし、息子《むすこ》の茂《しげる》と二人暮《ぐ》らし。しばらく前に茂の所属する少年野球の試合を見に行き、雑用ばかりして試合に出られない茂を見た。そこで由美は、監督《かんとく》の冷泉《れいぜい》に理由を聞きに行く。由美の言葉を受け、冷泉が話を始めた。〕

「そうでしょうね、奥《おく》さんがおっしゃることはよくわかりますよ。私《わたし》もずっと野球をやっていたんですが、①私の野球に対する考えも奥さんと同じだったんです。私は子供《こども》の頃《ころ》から野球選手になることだけが夢だったんです……」

と煙《けむ》りを吐《は》き出《だ》しながら話をはじめた。

「——幸い親からもらった身体《からだ》も同じ歳《とし》の連中より大きかったですし、好きだったスポーツだから上達も早かったんでしょう。高校へ入った時はもうプロ野球へ行くことしか考えていませんでした。私が一年生で野球部へ入部した時のキャプテンが奥さん、あなたのご主人だった小田先輩《せんぱい》です。小田先輩も神奈川《かながわ》県下では指折りの投手でした。でも先輩はエースの座《ざ》を監督さんに話して私に譲《ゆず》ってくれたんです。私は一年生ですぐマウンドに立ちました。スピードはあったのですが、どうも頭《ここ》が悪くて一年の時は先輩に迷惑《めいわく》をかけました」

と太い指でこめかみをさして笑った。

「——夏の甲子園《こうしえん》地区予選を三回戦で敗れた後で、先輩が私を呼《よ》んで『冷泉は将来《しょうらい》プロ野球へ行きたいのか』って言われたんです。私がそうですと返事をすると『おまえならきっとプロの選手になれるよ、がんばれ』と言われてから最後に『冷泉、野球ってスポーツはいいだろう。俺《おれ》は野球というゲームを考え出したのは人間じゃなくて、人間の中にいる神様のような気がするんだ。いろんな野球があるものな。おまえにもそのことをわかって欲《ほ》しいんだ。自分だけのために野球をするなよ』って……、何か変な事を言う人だなって、その時は思いました。正直に言うと、自分にエースの座を奪《うば》われたくやしさを最後に話して行ったんだろうかって。私は甲子園に行くことができずに、ノンプロチームに入りました。そこからプロ野球を目指しました。ところが二年目につまずきました。それでもなんとかプロへと三年頑張《がんば》りました。プロのスカウトも様子を見に来てくれました。しかし上手《うま》く行きませんでした。野球以外は何もできない人間でしたから、遊ぶようになって、半分グレたような暮《くら》しになりました。そんな時に先輩が訪《たず》ねて来ました。『帰って来い冷泉、田舎《いなか》へ帰ってまた野球をやろう』と言われました。野球はもういいですよって、私が言ったら『そうだろう、つまんない野球はもうやめろ。神様がこしらえた野球をやろうや』と笑って言われました。それから半年先輩の言ったことを考えて、田舎に戻《もど》って来たんです。高校の監督も三年やらしてもらいました。甲子園へは行けませんでしたが、それだけが高校野球ではないこともなんとなくわかりました。そして何より楽しかったのは先輩たちとやった草野球でした。自分はもし先輩に逢《あ》うことがなかったら、きっとつまらない野球をした男で終《おわ》っていたでしょう。そんな野球と出逢えてから、この町がひどく好きになったんです」

　冷泉は空を流れる雲を眺《なが》めながら話を続けた。

「先輩に病室に呼ばれたのは、手術が終ってから二週間たった時でした。自分には先輩はひどく元気そうに見えました」

　冷泉が言っているのは、悟が手術後二週間して一度驚《おどろ》くほど回復した時のことを言っているのだと由美は思った。

「先輩は自分に『俺の息子がもし野球をしたいと言いはじめたら、冷泉、おまえが教えてやってくれ』と笑って言われました。私は先輩の息子だとおっかないと言って、先輩が教えた方が上達しますよと答えました。『冷泉、おまえの野球にはもう神様がついてるよ。頼《たの》んだぞ』って手を握《にぎ》られました。その時自分は先輩の身体がそんなだったとは気づかなかったんです。つくづく自分は馬鹿《ばか》だなって思いました。いつもあとになって、わかるんですから……」

　冷泉の目がうるんでいた。それよりもスカートを必死で握りしめて涙《なみだ》をこらえていた由美の手の甲《こう》に大粒《おおつぶ》の涙が堰《せき》を切ったようにこぼれ落ちた。

「かんべんして下さい、奥さん。辛《つら》いことを思い出させちゃって」

「す、すみません……」

　言葉は嗚咽《おえつ》にしかならなかった。

「すみませんでした。何も知らないで」

「もうすぐですよ。もうすぐ小田三塁《るい》手もゲームに出られるようになります。先輩の話をすると小田君は目がかがやきます。佐々木《ささき》さんが『小田は目がいい』と誉《ほ》めていました。会長さんですがね、先輩に野球を教えた人です。名選手にならなくたっていいんですよ。自分のためだけに野球をしない人間になればいいと思っています」

　由美は立《た》ち上《あ》がって冷泉の前に起立すると、

②「本当にすみませんでした。茂をよろしくお願いします」

と言って公園を飛び出した。

（伊集院静《いじゅういんしずか》「夕空晴れて」）

(1) ——線①「私の野球に対する考えも奥さんと同じだった」とありますが、由美と冷泉の考えはどこが同じだったのですか。考えて書きなさい。（60点）

（　　　　）

(2) ——線②「本当にすみませんでした。」とありますが、冷泉の話を聞いて、由美の気持ちはどう変わったのですか。考えて書きなさい。（40点）

（　　　　）

（成蹊中—改）

5 原因・理由をおさえる

学習のねらい

「なぜなら」などの接続語や、「〜からだ。」などの文末の形を手がかりにして、原因・理由の書かれたか所を見つけられるようにする。

勉強した日　月　日

ステップ1

❶ 次の文章を読んで、あとの問いに答えなさい。

日に一度は一人で喫茶《きっさ》店に行くことにしている。コーヒーが好物だというのも理由の一つだが、何より仕事部屋にこもりきりで気持ちが煮《に》つまるのを防ぐためである。

しめ切りに追われている時など、今日はやめておこうかなとも思うが、無理にでも出かけていく。喫茶店では仕事はしない。好きな本を読んだり、日記を書いたり、店員に見とがめられない程度に、ちょっとうたた寝《ね》したり……。

これが思わぬ効果があり、かえって仕事もはかどることが多い。何よりも気持ちがゆったりして、人間関係も以前より円滑《えんかつ》になった気がするのである。

問　筆者が毎日喫茶店に行く理由を、二つ書きなさい。

（　　　　　　　　）

（　　　　　　　　）

❷ 次の文章を読んで、あとの問いに答えなさい。

一億年以上にわたって地球上に君臨《くんりん》した恐竜《きょうりゅう》は、なぜ突然《とつぜん》地上から姿《すがた》を消したのだろうか。もっとも、鳥も恐竜の一種だそうだから、正確にいえば恐竜はまだほろんではいないことになる。あくまで鳥以外の恐竜ということだ。

恐竜がほろんだ原因はいろいろ言われているが、いまだにはっきり決着を見ていない。諸説《しょせつ》ある中で有力なのは、地殻《ちかく》変動説、巨大隕石衝突《きょだいいんせきしょうとつ》説、それに形態が特殊《とくしゅ》化しすぎて環境《かんきょう》の変化についていけなくなったなどの説である。中でも、近年は隕石衝突説を支持する学者が多いようだ。

問　恐竜がほろんだ原因には、どんな説がありますか。三つ書きなさい。

（　　　　　　　　）

（　　　　　　　　）

（　　　　　　　　）

❸ 次の文章を読んで、あとの問いに答えなさい。

さわやかな九月一日の朝でした。青ぞらで風がどうと鳴り、日光は運動場いっぱいでした。黒い雪袴《ゆきばかま》をはいた二人の一年生の子が、どてをまわって運動場にはいって来て、まだほかに誰《だれ》も来ていないのを見て、
「ほう、おら一等だぞ。一等だぞ。」とかわるがわる叫《さけ》びながら、大悦《おおよろこ》びで門をはいって来たのでしたが、ちょっと教室の中を見ますと、二人ともまるでびっくりして棒立《ぼうだ》ちになり、それから顔を見合わせてぶるぶるふるえましたが、ひとりはとうとう泣き出してしまいました。というわけは、そのしんとした朝の教室のなかに、どこから来たのか、まるで顔も知らない、おかしな赤い髪《かみ》の子供《こども》がひとり、一番前の机《つくえ》にちゃんと坐《すわ》っていたのです。そしてその机といったら、まったくこの泣いた子の自分の机だったのです。（宮沢賢治《みやざわけんじ》「風の又三郎《またさぶろう》」）

問　——線「二人ともまるでびっくりして棒立ちになり、それから顔を見合わせてぶるぶるふるえました」とありますが、二人はなぜそうなったのですか。理由を二つ書きなさい。

（　　　　　　　　）

（　　　　　　　　）

❹ 次の文章を読んで、あとの問いに答えなさい。

なぜ植物は毒をもっているのでしょうか。熱帯雨林というところは、植物同士の競争がものすごくはげしい、いろんな種類の植物がたくさんあって、ものすごい生存《せいぞん》競争をくりひろげています。植物にいちばん必要なのは水と光です。植物は、水と炭酸ガス、それに光をうまくつかって、いわゆる光合成によって＊有機化合物をつくっている。水は、多雨林というように、雨量がひじょうに多いので、どの木にも十分配当されます。ところが、いちばんたいへんなのは光の獲得《かくとく》です。つまり、植物同士の最大の闘《たたか》いは光の取り合いなのです。そのために植物は葉っぱをどうしても大事にしなければならない。ところが、この葉っぱにダメージをあたえるのは動物です。だから葉っぱ食いの動物がいるのはぜったいに困《こま》る。極《きょく》端《たん》な言い方をすると、ふつうの大きな木で二、三〇枚《まい》葉っぱを食われるだけで、大きなダメージを受けるという。それを元に回復するためには、ものすごいエネルギーが必要なのです。だから、とにかく植物自身で葉っぱを食われないように防衛しなければならない。

（河合雅雄《かわいまさを》「サルからヒトへの物語」）

＊有機化合物＝炭素を主成分とする化合物の総称《そうしょう》。

問　植物が毒をもっている理由をどのように説明していますか。次の（　）に合う言葉を書きなさい。

・光を獲得するためには葉っぱを大事にしなければならない。

↓

・葉っぱにダメージをあたえるのは動物である。

↓

・（　　　　　　　　）

ステップ2

勉強した日　月　日

時間 25分　合格点 70点　得点　点

1 次の文章を読んで、あとの問いに答えなさい。

①若者《わかもの》の理科離《ばな》れが言われるようになって久しい。小学校時代は理科好きであったのが、中学生頃《ごろ》から敬遠《けいえん》するようになり、高校に入ると多くの学生が文系《ぶんけい》を選び、そのまま理科（科学）に縁《えん》がなくなってしまうのである。これにはいくつもの理由がある。小学校では自然観察など実体験が重視《じゅうし》されているが、中学になると受験のために理科は暗記中心になり、面《おも》白味《しろみ》がなくなってしまうこと、小学校の先生の六割《わり》が文系出身者で適切な指導ができないこと、理系出身者は将来《しょうらい》の出世や給料が不利になっており、社会で重用されていないと感じていること、そもそも大人が科学に関心を示さず敬遠していること（大人の理科離れ）などが挙げられる。科学の祭典やサイエンス・フォーラムなど官民あげて科学への関心を*喚起《かんき》しようとしているが、その場限りの催《もよお》しで終わっているきらいもある。そう簡単《かんたん》に直せる状況《じょうきょう》ではないのである。その結果、科学者と「素人《しろうと》」の間の溝《みぞ》がますます深くなっている。

その大きな背景《はいけい》として、文系と理系の分離《ぶんり》という現代文明が抱《かか》える問題がある。既《すで》に、一九五九年にC・P・スノーが「二つの文化と科学革命《かくめい》」の講演で論《ろん》じたように、文系と理系の亀裂《きれつ》は早くから始まっていた。スノーは、理系人間はシェイクスピアを知らず、文系人間は熱力学の法則を知らない、それどころか、むしろそれを誇《ほこ》りに思っている状況を嘆《なげ》いたのである。そして、その根源《こんげん》に教育体系に理系文化がきちんと位置づけられていないことがある、と論じている。この指《し》摘《てき》は、現在においてもいっそう有効であり、より深刻《しんこく》になっていると言えよう。高度知識社会に移行するにつれ、法律《ほうりつ》や経済《けいざい》を専攻《せんこう》する人間の方が優遇《ゆうぐう》され、若者の指向もそれに靡《なび》いていく*趨勢《すうせい》がより強くなっているからだ。それでは科学の「素人」を増やす一方なのである。

科学の成果を堪能《たんのう》しながら、科学については無知同然であるという現状をどう克服《こくふく》すればいいのだろうか。もっとも、そのことは科学者に対しても言えることで、専門の事柄《ことがら》は深く知っているくせに、一歩専門を外れると赤《あか》ん坊《ぼう》と同然である。そして、そのことに気づかず、いかにも何でも知っているかのように振《ふ》る舞《ま》う科学者を、②オルテガ・イ・ガセットは「科学主義の野蛮性《やばんせい》」と呼《よ》んだ。科学の振興《しんこう》と言えば誰《だれ》も拒《きょ》否《ひ》できず、王様のような態度で世の中を見つめる科学者の野蛮性を*弾劾《だんがい》したのである。

この状況を憂《うれ》いて、文理融合《ゆうごう》とか文理連携《れんけい》と言われることが多くなった。今や、理系の知識を使わなければ法律も経済も歴史も論じられず、文系の知識がなければ科学の哲学《てつがく》や方法や倫理《りんり》を考えることができない、と理解されるようになっているからだ。（中略）とはいえ、日暮《く》れて道遠しで、掛《か》け声《ごえ》は大きいが実際は何も進んでいない。

（池内《いけうち》了《さとる》「科学と人間の不協和音」）

＊きらい＝傾向《けいこう》。　＊趨勢＝動向、なりゆき。　＊齟齬＝食い違い。
＊弾劾＝罪状を調べあばくこと。

(1) ——線①「若者の理科離れが言われるようになって久しい。」とありますが、その理由としてまちがっているものを次から選び、記号で答えなさい。（30点）

ア 小学校では実体験が重視されるが、中学校では理科は受験のために暗記中心になり、面白味がなくなるから。

イ 小学校の先生の六割が文系出身者であるために、理科の適切な指導ができないから。

ウ 理系出身者は将来の出世や給料が不利になっていて、社会で重用されないと感じられるから。

エ 科学への関心を喚起しようとする催しが、その場限りで終わっている傾向があるから。

（　　）

(2) ——線②「オルテガ・イ・ガセットは『科学主義の野蛮性』と呼んだ」とありますが、ガセットはどのような科学者をこのように呼んだのですか。次の文中の□に合う言葉を、本文中からぬき出して三十字以上、四十字以内で書きなさい。（40点）

・□が、そのことに気づかず、いかにも何でも知っているかのように振る舞う科学者。

（西武学園文理中—改）

2 次の文章を読んで、あとの問いに答えなさい。

〔「僕《ぼく》」の母親が病気のため、親類の民子《たみこ》が手伝いに来ている。〕

僕が三日置き四日置きに母の薬を取りに松戸《まつど》へゆく。どうかすると帰りが晩《おそ》くなる。民子は三度も四度も裏坂《うらざか》の上まで出て渡《わた》しの方を見ていたそうで、いつでも家中のものに冷《ひや》かされる。民子は真面目《まじめ》になって、お母さんが心配して、見てお出《い》でというからだと云《い》い訣《わけ》をする。家の者は皆《みな》ひそひそ笑っているとの話であった。（伊藤左千夫《いとうさちお》「野菊《のぎく》の墓」）

問 ——線「家の者は皆ひそひそ笑っている」とありますが、なぜ「笑っている」のですか。理由を述べた次の文中の□に合う言葉を、本文中からぬき出しなさい。（30点）

・民子が、冷かされて□のがおかしかったから。

ステップ3

勉強した日　月　日

時間	合格点	得点
45分	70点	点

1 次の文章を読んで、あとの問いに答えなさい。

理穂《りほ》は不本意ながら、「友人代表」として、入院した美咲《みさき》を学級委員の友迫《ともさこ》さんといっしょに見舞《みま》うことになった。

「師岡《もろおか》さん、早く、元気になってね……」

みんな待っているからとお見舞いの言葉を続けられなくて、友迫さんが泣き出した。

「師岡さん、かわいそう」

嫌《いや》な予感がした。ひどく落ち着かない気分だった。

こんなになって、痛《いた》いでしょと、友迫さんはしゃくり上げ、先生も少し涙《なみだ》ぐみながら、その頭をなで、美咲のお母さんは、

「ありがとう。優《やさ》しいのね。でも、もう少しの辛抱《しんぼう》なの。二学期からは、学校に通えるから仲よくしてやってね」

と、エプロンで目頭《めがしら》をぬぐった。あたしは黙《だま》っていた。美咲は、目を閉《と》じて動かない。指先だけが、シーツをにぎりこんでいた。

涙やら、思いやりの言葉やら、お見舞いの品やら、お礼のあいさつやらが、清潔な白い病室の中を行き来し、それが一《いち》段落《だんらく》し、わたしたちは辞することになった。

①「理穂ちゃん」

急ぎ足で病室を出ようとした時、美咲は目を開け、弱々しい声であたしの名前を呼《よ》んだ。ちゃんづけで呼んだ。嫌な予感は確信に変わり、あたしは、覚悟《かくご》を決めた。

「もう少し……います」

そう、師岡さんを疲《つか》れさせないようにね。理穂ちゃん、あとでおばさんが、お家《うち》まで送って行くわ。師岡さん、さよなら。ほんとに、待ってるからがんばってね。じゃ、そこまでお見送りします。いえ、もう、よろしいですよ。先生、出席日数のことで……。

頭の上や身体《からだ》の横を、言葉は漂《ただよ》い、消えていく。みんな出ていく。閉《し》まる寸前《すんぜん》のドアの向こうで、友迫さんが目を赤くしてほほえみ、手を振《ふ》った。

②最悪な展開《てんかい》だ。あたしは悟《さと》り、もう一度覚悟を決め、美咲のベッドまで大股《おおまた》で近づいた。美咲が起き上がる。

「理穂」

美咲は、あたしに構えるヒマを与《あた》えなかった。バシッと頬《ほお》が鳴る。鋭《するど》い痛みが走る。よろめかないように、足を踏《ふ》ん張るのが精一杯《せいいっぱい》だった。

「よくも、こんなはずかしいこと、してくれたね」

息を荒《あら》くして、美咲がにらむ。点滴《てんてき》のチューブがゆれた。

「理穂、あんた、最低!」

「ア わかってる」

「わかってない」

「イ わかってる!」

わかっている。これは屈辱《くつじょく》だ。美咲にとって、安易な同情ほど屈辱的なものは、ない。千羽鶴《づる》の束が、ベッドの下に滑《すべ》り落《お》ちる。

千羽鶴はいい。お見舞いの手紙も花束もいい。でも、友迫さんの涙だけは、まずかった。自分が、かわいそうな少女にされてしまったことに、美咲は蒼白《そうはく》になって怒《いか》っている。怒りながら、耐《た》えていた。

「何よ、なんで、あたしが泣かれなくちゃいけないのよ。あんなふうに……」

美咲の目から涙がこぼれた。かみしめた唇《くちびる》から、うめきが漏《も》れた。

悔《くや》しい、悔しい、ちくしょう。

他人に対し、かわいそうと泣くことに、人はもう少し慎重《しんちょう》でなければならないのだろう。助力できるなら、救えるのなら、最後まで支え続ける覚悟があるのなら、泣けばいい。友迫さんの涙は、無責任だった。勝手に泣いて、かわいそうがって、自分の気持ちだけ浄化《じょうか》して、ほほえんでサヨナラなんて、あまりに無責任だ。無責任な覚悟のない優しさは、ただのあわれみにすぎない。あたしが美咲から学んだことだった。

あわれまれて、たまるもんか。

シーツの上で、美咲の涙がシミになる。

「ウ わかってる」

あたしは、つぶやいた。あたしも美咲を侮辱《ぶじょく》した。優しい親友の役を拒否《きょひ》できなくて、のこのこついてきた。最低だ。わかっている。


(あさのあつこ「ガールズ・ブルー」)

---

(1) ═線「一段落」の文章中での意味として最も適切なものを次から選び、記号で答えなさい。(10点)

ア ごくふつうであること。　イ 一応の区切りがつくこと。
ウ すこし休むこと。　エ まとめ上げること。　(　)

(2) ――線①「理穂ちゃん」という呼び方には、美咲のどのような意図がこめられていますか。最も適切なものを次から選び、記号で答えなさい。(10点)

ア 自分の中にこみ上げてきた激《はげ》しい気持ちを、理穂にだけ伝えたいという意図。
イ 今まで人に見せたことがない弱い自分を、理穂には察して欲《ほ》しいという意図。
ウ これまでのえらそうな自分の態度を、理穂に対してあやまりたいという意図。
エ 自分が腹《はら》を立てていることを、みんなに対して改めて表現したいという意図。　(　)

(3) ——線②「最悪な展開《てんかい》だ。」の説明として最も適切なものを次から選び、記号で答えなさい。（10点）

ア 美咲《みさき》の強がっていた気持ちがくずれて、弱気になっていることをお母さんにさとられかねない展開。

イ 友迫《ともさこ》さんの涙《なみだ》を美咲が誤解《ごかい》していらだっているので、理穂《りほ》がとりもたなければならない展開。

ウ 美咲が怒《いか》りをあらわにして、お見舞《みま》いに来たみんなを不快な思いにさせてしまいかねない展開。

エ 友迫《ともさこ》さんの態度が美咲を怒《おこ》らせて、その怒りを理穂が一身にひきうけなければならない展開。

（　　）

(4) ……線ア～ウ「わかってる」にこめられた理穂の思いを説明した次の文中の［①］・［②］にあてはまる言葉を、本文中から三字と二字でぬき出しなさい。（20点）

・美咲が［①］と思っていることもその理由も十分すぎるくらいわかっていた。しかし、美咲と向き合う中で、理穂自身が美咲を［②］していた一人だったことを改めて思い知った。

①［　　　］　②［　　］

（東邦大付属東邦中―改）

2 次の文章を読んで、あとの問いに答えなさい。

「千里の旅、万巻《まんがん》の書」という中国のことばがある。その意味はいろいろに解釈《かいしゃく》できるが、私《わたし》は自分で勝手にこう改釈している。

——千里の旅をすることは、万巻の書物を読破するにひとしい。

ところで、万巻の書物を読破するなどということは、私のような凡人《ぼんじん》にはとうていできないけれども、千里の旅なら、いまはジェット機の時代だから、けっしてむずかしくはない。そこで私は書物を読むようなつもりで旅に出る。そう思って出かけると、世界は一冊《さつ》の巨大《きょだい》な本のような気がしてくる。

たしかに世界は一冊の書物だ。旅をするということは、その巨大な本のページを繰《く》ってゆくことである。私はこれまで、世界のかなりの地域《ちいき》を旅したが、それでも、まだ世界という書物の第一章も読み終えていないような気がする。私はときどき旅先で、いったい、いつになったら読み終えることができるのか見当もつかないこの巨大な書物、世界そのものにめまいを覚えることがある。そして、旅とは、このように途方《とほう》に暮《く》れることではないか、と考えてみたりする。

①なぜ旅が読書とひとしい意味を持つのか。言うまでもあるまい。旅は読書とおなじように、小さな自分の世界を大きくするからである。旅とは自分の住む井戸《いど》から脱《ぬ》け出《で》て、世界は広いんだなあ、と実感することである。そのおどろき、そのとまどい、それがそのまま自分への反省につながってゆくのである。

よく日本人は井のなかの蛙《かわず》だと言う。たしかに日本は小さな島国だから、世間知らずになりやすい。けれど、人間というのは、どこに住んでいようと、じつは例外なく井のなかの蛙なのである。いや、そもそも、ひとつところに住むということが、すなわち井のなかの蛙になるということである。

むろん、井戸のなかでも、それなりに文化は生まれるであろう。が、文明の歴史は、人びとが井戸から脱けだすことによって文化を発展《はってん》させてきたことを教えている。人類はまさしく②旅によって文化をつくりあげてきたのだ。広い世界に出て、途方に暮れることによって。（中略）

旅をしてみて、おなじ人間でありながら、こんなにもちがうものかと、いまさらのように思い知らされたことがしばしばある。たとえば、インドでは葬式《そうしき》に涙《なみだ》は禁物であると教えられた。古都ベナレスのガンジス河のほとりで、私は何組かの葬列にあい、葬式にも加わったが、たしかにだれひとりとして泣いていない。葬儀《そうぎ》に女性の姿《すがた》をあまり見かけなかったが、インドの友人の話によると、婦人はつい涙をこぼしてしまうので遠慮《えんりょ》するのだ、とのことであった。③なぜ泣いてはいけないのか。インド人にとって、死ぬということは母なるガンジスへ帰ってゆくことなのであって、泣くべきことがらではないからだというのである。

しかし、私がエジプトのカイロで目撃《もくげき》した葬列には、多勢の女たちが泣《な》き叫《さけ》びながら従《したが》っていた。あまりにも異様《いよう》なその＊慟哭《どうこく》に、私は思わず立ちどまって凝視《ぎょうし》した。とたんに女たちは泣きやみ、私をきっと睨《にら》んだ。同行のエジプトの友は私にこう教えた。

「あれは泣き女たちです。彼女《かのじょ》たちは葬式に雇《やと》われて泣いてみせるのです」

そうした泣き女という風習は、かつては中国でも見られた。葬儀という人生の最も深刻《しんこく》な行事においてさえ、人間はこうもちがっているのである。ちょっとした仕草に至《いた》っては、そのようなちがいは無数にある。

（森本哲郎《もりもとてつろう》「すばらしき旅」）

＊慟哭＝ひどく悲しんで、激《はげ》しく泣くこと。

(1) ――線①「なぜ旅が読書とひとしい意味を持つのか。」、③「なぜ泣いてはいけないのか。」の理由にあたる一文を探《さが》し、それぞれ初めの五字をぬき出しなさい。（20点）

① □□□□□

③ □□□□□

(2) ――線②「旅によって文化をつくりあげてきたのだ」とありますが、どういうことですか。次の文中の□にあてはまる言葉を、五十字程度で書きなさい。（30点）

・旅とは小さな自分の世界を大きくするものであり、□ということ。

（明治大付属明治中―改）

6 段落《だんらく》の構成をつかむ

学習のねらい

段落ごとの内容をとらえ、接続語や文末表現などを手がかりに、前後の段落との意味のつながりから、段落どうしの関係をとらえられるようにする。

勉強した日　月　日

ステップ 1

❶ 次の文章を読んで、あとの問いに答えなさい。

1 漢字の中には、ちょっとこわい経歴をもつものがある。

2 例えば、「道」という字は「首」と「辶」を組み合わせてできている。「首」は文字どおり「くび」であり、「辶」には、「歩く・行く」という意味がある。つまり、この字は、敵の首を手に持ち、そののろいの力で悪いものをはらい清めながら進むことを表している。清められたところが「みち」なのである。

3 なぜこんなこわい字があるのかというと、漢字のもととなった甲骨《こうこつ》文字を発明した中国の殷《いん》王朝が、うらないをもとに政治を行う神権政治の国だったからだと考えられる。殷では、奴隷《どれい》をいけにえとして神にささげることも行われていたようである。

問　筆者の考えがまとめられているのは、どの段落《だんらく》ですか。1～3の番号で答えなさい。

[　　]

---

❷ 次の文章を読んで、あとの問いに答えなさい。

1 世界には、大きく分けると二種類の国があるといわれている。民主的な政治が行われている民主国家と、一部の人や勢力によって政治が独占《どくせん》されている独裁《どくさい》国家である。

2 日本は民主国家といえるが、日本にも独裁をよしとする人はいる。その人たちは、東南アジアの独裁国家で、強い権力《けんりょく》のもとで開発が進み、経済《けいざい》が発展《はってん》した例を好んでもち出す。

3 確かに独裁政治のもとでは、反対が許されず、国家が一丸となって目標に突《つ》き進《すす》むのだから、思いがけない成果を挙げることがあるのは事実である。

4 だが、独裁政治のこわいところは、一歩まちがえると修正がきかず、どんどん悪い方向に突っ走ってしまうことだ。かつてナチス*のヒトラーは、ドイツを短期間に強国に成長させたが、戦争の道に突き進み、何千万もの人命をうばうことになった。

5 やはり国家のあるべきすがたは民主国家ではないだろうか。

＊ナチス＝かつてのドイツの政党。ヒトラーを党首として独裁政治を行った。

問　この文章の段落構成として正しいものを次から選び、記号で答えなさい。

ア　1─2・3・4─5
イ　1・2─3─4・5
ウ　1─2・3─4・5
エ　1・2─3・4─5

（　　　）

3　次の文章を読んで、あとの問いに答えなさい。

1　語学は、目標をつくって頑張《がんば》るのが一番です。私《わたし》の場合も、忙《いそが》しい中でも英語の勉強をやめなくてすんだコツの一つは、目標を決めていたからでした。

2　といっても特別なことではなくて、TOEIC*で何とかもう少しいい点を取りたい、という目標でした。当時はいまほどTOEICはさかんではなく、問題集もまだ何種類もありませんでした。実用英語検定のほうが主流でしたが、英検よりもTOEICの勉強のほうが実践《じっせん》に役立ちそうな気がしたのです。

3　二つ目は、勉強してすぐに効果が出なくても、「どうしてなんだろう」と焦《あせ》らなかったことです。語学の上達は階段を登るようなもの。階段には踊《おど》り場があって、ずっとやっていても全然効果がないと思っていると、あるとき突然《とつぜん》ポンと効果が出て、一段階上に上がる。またしばらく横ばいのあと、突然またレベルが上がると言われています。最初のうちは、いくら勉強しても全然力が伸《の》びなかったのですが、そういうものだと聞いていたので、焦らなかったのです。あるときふと気がつくと、前よりしゃべれるようになったり、聴《き》き取れるようになったりしていたということです。

4　そうなると楽しくなってきますから、またコツコツと続けることができました。

5　当時は、そんなに役に立つ日が来るとは思えませんでしたが、いまは、当時の蓄積《ちくせき》に頼《たよ》る毎日です。NHKを辞めてからは、海外取材が激増《げきぞう》しました。とりあえず日常会話には不自由せず、インタビュー取材でも、相手の言っている英語は通訳《つうやく》なしでも理解できます。込《こ》み入った会話や学術的なインタビューができるまでにはなっていないのが残念ですが。

（池上《いけがみ》　彰《あきら》「学び続ける力」）

*TOEIC＝国際コミュニケーション英語能力テスト。

(1)　――線「忙しい中でも英語の勉強をやめなくてすんだコツ」として筆者が挙げていることを、1と3の段落から一つずつ書きなさい。

1（　　　）

3（　　　）

(2)　1と3の内容を補足《ほそく》している段落を、それぞれ番号で答えなさい。

1の補足　□　　3の補足　□

ステップ2

時間	合格点	得点
25分	70点	点

勉強した日　月　日

1 次の文章を読んで、あとの問いに答えなさい。

1 植物たちは、有毒物質を身につけていれば、動物に食べられる食害から逃《のが》れられるでしょう。このことは、理屈《りくつ》の上では、よく理解できます。しかし、「実際に、自然の中で、そんな現象が見られるのだろうか」という疑問《ぎもん》があります。

2 その疑問に答える二つの例を紹介《しょうかい》します。一つは、奈良《なら》公園で知られているものです。奈良公園にいるシカは、放し飼いにされていて、公園内の草や木の葉っぱを自由に食べます。（中略）じつは、「奈良公園には、アセビが多い」といわれます。

3 アセビは、庭木として＊植栽《しょくさい》されることが多い植物です。春早くに、白色やピンク色の花を房《ふさ》のような状態で咲《さ》かせるツツジ科の植物です。漢字では、「馬酔木《あせび》」と書かれるように、「ウマがこの植物の葉っぱを食べると酔《よ》ったようになる」といわれます。

4 「酔う」という字が使われるので、お酒の好きな人は、「ウマが気持ちよくなっている」とうらやましく思われるかもしれません。しかし、そうではありません。「□状態になっている」というのが適切な表現です。

5 この植物は、「アシビ」とよばれることもあります。「この『シビ』は、『しびれる』状態を強調している」といわれます。アセビには、「アセボトキシン」や「グラヤノトキシン」とよばれる有毒物質が含《ふく》まれており、決してウマだけに有害なものではありません。だから、奈良公園のシカも食べず、その結果、公園内にはアセビが多く育っているのです。

6 有毒物質で食害から身を守っているもう一つの現象が、奈良県御杖村《みつえむら》の「三峰山《みうねやま》」で、知られています。ここの草原には、かつて、リンドウやオミナエシなど、いろいろな植物が生育していました。しかし、近年は、「トリカブト」の仲間、「カワチブシ」がほかの植物にかわって繁殖《はんしょく》しています。

7 カワチブシは、「河内附子《かわちぶし》」と書かれます。「河内」は、この植物の自生地の大阪《おおさか》府の地名で、「附子」は、トリカブトの根を乾燥《かんそう》した＊生薬《しょうやく》の名前です。この名前が使われるように、この植物は、トリカブトと同じキンポウゲ科の植物で、美しい花を咲かせ、トリカブトと同じ猛毒《もうどく》の「アコニチン」を含んでいます。

8 この山には、野生のニホンジカが生息しており、草を食べています。カワチブシは、猛毒をもつため、ニホンジカに食べられることから逃れています。そのため、ほかの草が食べられたあとに、カワチブシが繁殖していると考えられています。

9　このように、実際に、自然の中で、植物たちは有毒物質でからだを守っているのです。これらの二つの例は、それがきわだった現象ですが、多くの植物が、虫や鳥などの動物たちに対して有害な物質をつくって、からだを守っています。

（田中《たなか》 修《おさむ》「植物はすごい」）

＊植栽＝草木を植えること。
＊生薬＝動植物などを原料とする薬。

(1) [　　]にあてはまる言葉として最も適切なものを次から選び、記号で答えなさい。（20点）

ア 酒を楽しんだ　　イ 毒がきかなかった
ウ 酒で酔いつぶれた　　エ 毒にしびれた　（　　）

(2) 1～9を内容から大きく四つに分けるとすると、三つ目のまとまりは何段落《だんらく》から何段落までですか。番号で答えなさい。（30点）

[　　]段落から[　　]段落まで

（筑波大附中―改）

2 次の文章を読んで、あとの問いに答えなさい。

あえて漢字を使わないという配慮《はいりょ》がなされる場合もあります。例えば「障《しょう》がい者」という書き方を目にすることがあります。一方、「障害者」という表記も見かけますが、この「障害」の「害」という漢字は議論《ぎろん》があるところです。この意味で使う場合、本来、「障碍《しょうがい》」という書き方がありました。「碍」という字の意味は「さまたげる、さしさわりがある」といったものです。しかし、この字が常用漢字にないために、「公害」「水害」などの「災《わざわ》い」という意味や、「損害」などの「損《そこ》なう」といったネガティブな意味を持つ「害」という字を「障害者」というように使うしかなくなったのです。「障害者」と書く場合、この「害」の使い方に違和《いわ》感を覚える人もあります。その場合に「障がい者」と書くというのは一定の配慮だとも言えるでしょう。

文字遣《づか》いは表面的なことだとも言えますが、その文字に「意味」がある以上、どういう文字を使うかというところで、意味にかかわるとらえ方がなされることになります。どのような字を使うか、あるいは使わないか、いろいろな場合に応じて考えることが必要でしょう。

（森山卓郎《もりやまたくろう》「日本語の〈書き〉方」）

(1) 右の文章の構成について述べた次の文中の[①]・[②]にあてはまる言葉をあとから選び、それぞれ記号で答えなさい。（30点）

・前半の段落では、事実とその[①]が挙げられ、後半の段落では、前半の内容に基づいた筆者の考えが述べられ、全体の[②]になっている。

ア 反論　　イ 例　　ウ まとめ　　エ くり返し

①（　　）②（　　）

(2) 筆者の考えが述べられた一文を後半の段落から探《さが》し、初めの五字をぬき出しなさい。（20点）

[　　　　　]

7 主題をとらえる

主題とは、文学作品において作者が言い表そうとしていることの中心をいう。主人公や作者の心情、考え方に注目して、主題をとらえられるようにする。

勉強した日　　月　　日

ステップ1

1 次の文章を読んで、あとの問いに答えなさい。

「舞踏《ぶとう》会の手帖《てちょう》」というフランス映画《えいが》がある。未亡人《みぼうじん》になったヒロインが、初めての舞踏会のことを記した手帳をたよりに、昔おどった相手を訪《たず》ねて回るというストーリーだ。いわば全編が思い出をめぐる物語なのだが、実はこの映画は八十年近く前に作られている。古色蒼然《こしょくそうぜん》としたモノクロームの画面を見ていると、時間というものに思いをめぐらさずにはいられない。八十年という歳月《さいげつ》を考えれば、ヒロインがたどる過去の旅路は一瞬《いっしゅん》のできごとにも思えてくるのだ。

昔をなつかしむ自分。だが、今のその自分の姿《すがた》も、すぐに思い出の中の存在《そんざい》に変わるだろう。時間は流れ続ける。そして、人は決してとどまることはできないのである。

問　右の文章の主題として最も適切なものを次から一つ選び、記号で答えなさい。

ア　現在もすぐに過去に変わるから思い出は無意味である。
イ　人は時間のある一点にとどまることはできない。
ウ　古い映画にも見る価値《かち》のあるものはある。
エ　思い出はそっとしておくほうがいい。

（　　）

2 次の文章を読んで、あとの問いに答えなさい。

ものすごく寒い所に行ってみたいと思う。アラスカだの南極だのに行くお金はないから、せめて北海道《ほっかいどう》の旭川《あさひかわ》あたりを厳寒《げんかん》の季節に訪《おとず》れたいと思うのである。

理由は特にない。雪を見ることのない町に生まれ、わりあいに温暖《おんだん》な所で育ったから、というのが理由といえば理由だろう。東南アジアの人々が、日本へ雪を見に来るのと同じかもしれない。好奇《こうき》心といってしまえばそれまでだが。

問　右の文章の主題となる一文をぬき出しなさい。

（　　）

3 次の文章を読んで、あとの問いに答えなさい。

僕《ぼく》はもう十何年間に渡《わた》ってずっとサングラスをかけている。

ダサいから止《や》めなさい、と人に言われることもあるが、これだけは止められない。

なぜならこれも一種のメイクだからだ。

二十歳《はたち》前後からの極度の人見知り、対人恐怖症《きょうふしょう》、女性を前にしたときの全身硬直症《カタレプシー》などをこのサングラスが少しずつだが治してくれた。

目を見られていない、という安心感があると不思議にしゃべれるのだ。しゃべれるというよりも、一つの「役柄《やくがら》」を演じることができるようになる。（中略）

だから今でも撮影《さつえい》などで、「すいませんがメガネをとってください」と言われたりするとたいへん情けなくなるのだ。もちろん、一から説明するわけにもいかないからサングラスはとるが、そうすると何か、シモの粗相《そそう》を心ない嫁《よめ》に叱《しか》られてるおじいちゃんみたいに、妙《みょう》に目がシバシバして心もとない感じがする。

一本のアイラインによって他者になる。

おそらく化粧《けしょう》することの本質は、このサングラスをかける理由と同じところにあると思う。


（中島《なかじま》らも「恋《こい》は底ぢから」）

問　右の文章の主題を述べた次の文中の□に合う言葉を、文章中から二字でぬき出しなさい。

・化粧をすることの本質は、□になれるというところにある。

4　次の文章を読んで、あとの問いに答えなさい。

僕は教訓のある話というのが比較《ひかく》的好きである。といっても、これはなにも僕が教訓的な性格の人間であることを意味するわけではない。教訓というものの成り立ち方がわりに好きだというだけの話である。

僕のつれあいの姉は学生時代に堀辰雄《ほりたつお》の『風立ちぬ』を読んで、「健康というのは大切なものだと思いました」という読書感想文を書いて先生に大笑いされたということだが――僕もそれを聞いてたしかに思わず笑ってしまったけれど――これは笑う方が間違《まちが》っている。もし彼女《かのじょ》が『風立ちぬ』を読んで健康の重要性を痛感《つうかん》できたのだとしたら、これは間違いなく文学の力である。笑ってはいけない。そういう立場に立ってもう一度『風立ちぬ』を読みかえしてみれば、必ず「うーん」とうならされるところが何カ所かあるはずである。教訓というものはある場合には類型に堕《おと》してしまうことはあるが、またある場合には別の意味での類型を突《つ》き崩《くず》してしまう力を有することもあるのである。


（村上春樹《むらかみはるき》「村上朝日堂の逆襲《ぎゃくしゅう》」）

問　右の文章の主題となる一文を本文中から探《さが》し、初めの八字をぬき出しなさい。

ステップ2

時間 25分　合格点 70点　得点 点

勉強した日　月　日

1 次の文章を読んで、あとの問いに答えなさい。

一学期の最後の日、洪作《こうさく》は袴《はかま》をはいて登校したが、そのことで腕白《わんぱく》な上級生にからかわれ、乱暴《らんぼう》されてしまう。しかし、ただ耐《た》えることしかできなかった。

その時、運動場の一角でふいに*喚声《かんせい》が起こった。それは、思いがけず袴をつけたもう一人の生徒が校門を入ってくるのが見えたからであった。何人かの子どもたちがその方へかけて行った。新田《しんでん》という一番天城《あまぎ》の峠《とうげ》に近い部落の子どもで、やはり洪作と同学年の浅井光一《あさいこういち》という少年であった。浅井光一が袴をつけて登校してきたのは、はじめてであった。洪作は光一とは教室でもあまり口をきいたことはなかった。光一は無口な目立たぬ子どもであった。

新しい獲物《えもの》の出現を知ると、洪作をとりまいていた一人が、

「光一もここへ連れて来い。」

と仲間に言った。すると二人が、運動場の真ん中へさしかかっている光一の方へかけて行った。やがて光一は連れられてきた。

三人は洪作の方はそのままにしておいて、光一の方に、

「なぜ、そんなものはいてきた。」

と、口々に詰問《きつもん》した。光一は下をむいてだまっていた。すると一人が、洪作にやったように光一の胸《むね》を突《つ》いた。光一はうしろによろめいた。すると、他《た》の二人が光一の体を背後《はいご》から抱《だ》きしめ、洪作になしたと同じように、砂を襟《えり》から着物の中へ入れようとした。

光一は一言も口から出さないで身をもがいて抵抗《ていこう》し、ようやくにして三人の手から自由になると、いきなり足元の砂をつかんで自分の前にいた一人の上級生の顔にぶつけた。三人の上級生は思いがけない反抗でたじたじになった。

すると光一はあたりを見まわし、一間《けん》ほどへだたった所に自分の頭ほどの大きな石が転がっているのを見ると、その方へ走り寄って行った。そして両手でそれを拾い上げると、頭の上にさし上げて、三人の上級生の方へ戻《もど》ってきた。ただならぬ緊迫《きんぱく》したものが、その時の光一の動作の中にはあった。光一のただならぬ血相《けっそう》に驚《おどろ》いて、三人の上級生は思い思いの方向に難《なん》を避《さ》けようとした。

一瞬《いっしゅん》ののち、光一の手からはなれた大きな石が、逃《に》げ去りつつある一人の少年の足元に落ちるのを洪作は見た。石は足には当たらなかったが、もし当たっていたら、大変なことが起こっているはずであった。

洪作は、光一が息をはずませて三人の方をにらんで突っ立っている姿《すがた》を見守っていた。この事件は朝礼前のことで

あったので、衆人環視《しゅうじんかんし》の中で行われた。ちょうどこの時朝礼の鈴《すず》が鳴り響《ひび》き、二、三人の先生たちの姿もあらわれたので、三人の上級生たちはそのまま朝礼で整列する場所へと歩いて行った。しかし、光一は、いつまでも自分の興奮《こうふん》がしずまるのを待つようにそこに突っ立っていた。

洪作にとっては、今自分が目にした光一の行動は十分驚嘆《きょうたん》に値《あたい》するものであった。洪作は朝礼の場へ行くことも忘《わす》れて光一の姿を見守っていたが、そのうちに、洪作の心をしだいに①ある感動がみたしてきた。非道《ひどう》や横暴《おうぼう》に対して敢然《かんぜん》と立ち向かう一人の少年の美しさを、はじめて目《ま》のあたりに見たような気持ちであった。大きな石をぶつけようとする行為《こうい》は無《む》謀《ぼう》なことと言うほかなかったが、しかし、そうしたことをあえてなした無口な同級生の行動は洪作には美しく、みごとなものに思われた。洪作は生まれてはじめて、②自分の卑屈《ひくつ》さをその少年によって思い知らされた気持ちであった。

（井上《いのうえ》 靖《やすし》「しろばんば」）

＊喚声＝興奮したりして出す叫《さけ》び声。

(1) ――線①「ある感動」を具体的に説明している文を本文中から探《さが》し、初めと終わりの五字をぬき出しなさい。（20点）

～

(2) ――線②「自分の卑屈さ」とありますが、洪作は何に対して、自分の卑屈さを感じたのですか。本文中の言葉を使って、三十字以内でまとめなさい。（40点）

（麗澤中―改）

2 **次の文章を読んで、あとの問いに答えなさい。**

その時の世の中に無いものを生み出す個人を天才と言うのだと思う。我々《われわれ》日本人はあっちを見こっちをうかがい、皆々《みなみな》様《さま》と同じにすることを常識とし、皆々様と同じ考えを道徳とさえ致《いた》す民族である。絶対多数と同じ意見で折り合うことを大人と言うのである。

（佐野《さの》洋子《ようこ》「あれも嫌《きら》い これも好き」）

(1) 筆者の考える「天才」とはどんなものですか。（10点）

（　　　　）

(2) 筆者の考える日本人は、次のものをどういうものだと考えていますか。それぞれ説明しなさい。（10点×3―30点）

① 常識…（　　　　）

② 道徳…（　　　　）

③ 大人…（　　　　）

8 結《けつ》論《ろん》をつかむ

学習のねらい
結論の読み取りが、その文章の理解につながる。結論は、文章の最後に置かれることが多いが、最初に結論が述べられる場合もあるため、文章の構成に着目してとらえるようにする。

勉強した日　月　日

ステップ1

1 次の文章を読んで、あとの問いに答えなさい。

　この世界にはまだ未知の生物がいる。未知だから、どのくらいいるのか見当がつかないけれど、存在《そんざい》するのは確かなことだ。どこどこの○○がどこどこで新種の△△を発見したとのニュースをたまに目にするではないか。いや、生物だけではない。新星を発見して、その星に自分や自分の恋人《こいびと》や自分の娘《むすめ》の名前をつけた天文学者が数多《あまた》いる。（中略）

　そうだ。地球にも宇宙《うちゅう》にも未知は満載《まんさい》だ。むしろ、既知《きち》の事柄《ことがら》の方が少ないのかもしれない。わたしたち人間には、世界の全てを知る能力はない。知ることができると思《おも》い込《こ》む傲《ごう》慢《まん》さがあるだけだ。

（あさのあつこ「森くん」）

問　右の文章における筆者の結論《けつろん》を、二十字以内でぬき出しなさい。

2 次の文章を読んで、あとの問いに答えなさい。

　大きな夢をひとつ持つよりも、小さな夢をたくさん持って生きてゆくほうがいいようにも思う。

　大きな夢に挫折《ざせつ》してしまえば、それでおしまいだが、小さな夢をたくさん持っていれば、ひとつの夢をたとえかなえられなかったとしても、はいまた次の夢、はいまた次の夢と、夢を次々に繰《く》り出《だ》せる。「へたな鉄砲《てっぽう》、数撃《う》ちゃ当たる」ではないが、要は「弾《たま》」をたくさん持っていること。たくさん弾があれば、一発や二発、的からそれたとしても、それほど落ち込まずにすむのではないか。

（斎藤茂太《さいとうしげた》「人生に大切な『たったこれだけの習慣』私の方法」）

問　右の文章では、結論は前半・後半のどちらの段落《だんらく》に述べられていますか。

（　　）の段落

3 次の文章を読んで、あとの問いに答えなさい。

　鳥たちは本来空を飛ぶ動物である。

　重力に逆らって空を飛ぶのは大変なことだ。そこで鳥たちには、体の隅々《すみずみ》に至《いた》るまで驚《おどろ》くほどの工夫《くふう》がなされている。食べものを噛《か》み砕《くだ》く歯は、頭が重くなるのでやめてしまった。だから鳥は食べものを丸呑《まるの》みにする。

それを砕いて摺《す》りつぶすのは頑丈《がんじょう》な胃だ。厚い筋肉《きんにく》でできた重い胃は、ちょうど体の重心に位置していて、飛んだり歩いたりするのに困《こま》らないようになっている。筋肉だけではだめなので、鳥たちは小石を飲みこんで、それで食べものを摺りつぶす。焼き鳥でいう砂肝《すなぎも》だ。

植物の葉は繊維《せんい》質が多く、栄養価が低いので、体を軽く小型に保たねばならぬ小鳥たちは、種子とか虫とか花のみつとか、少量で栄養のとれるものを食べている。そのために、それぞれに適した形のくちばしが発達した。

そんなわけで、鳥たちは飛ぶために「食」を限定した。カラスのように何でも食べる雑食の鳥はむしろ珍《めずら》しい。

（日高敏隆《ひだかとしたか》「動物は何を見ているか」）

問　右の文章の結論として最も適切なものを次から選び、記号で答えなさい。

ア　植物の葉は繊維質が多く、栄養価が低い。
イ　小鳥たちは食べものに適したくちばしをもっている。
ウ　鳥たちは空を飛ぶために「食」を限定した。
エ　カラスのような雑食の鳥は、むしろ珍しい。

（　　）

❹ 次の文章を読んで、あとの問いに答えなさい。

仙台湾《せんだいわん》は、カレイがとれることで全国的に有名です。それは海底が砂地《すなち》だからです。仙台湾には、南から阿武隈川《あぶくまがわ》、名《な》取川《とりがわ》、七北田川《ななきたがわ》、鳴瀬川《なるせがわ》、北上川《きたかみがわ》という日本でも有数の大きな川が流れこみ、砂を運んでいるのです。

この砂地にイカナゴ（東北地方では「メロウド」と呼《よ》びます）という細長い魚が産卵《さんらん》します。春先にとれるのがイカナゴの稚魚《ちぎょ》のシラスで、仙台の春のごちそうです。

イカナゴのエサは、オキアミという動物プランクトンです。動物プランクトンのエサは植物プランクトンです。

植物プランクトンが育つには、フルボ酸鉄*が必要ですね。じつは、仙台湾の背景《はいけい》の山の土は、注意して見ると赤っぽいのです。赤は鉄分の色です。川は、森林でできた豊富なフルボ酸鉄を運んできます。

だから食物連鎖《しょくもつれんさ》で、植物プランクトン→動物プランクトン→オキアミ→メロウドとなり、最終的に仙台湾ではカレイがたくさんとれるのです。

（畠山重篤《はたけやましげあつ》「鉄は魔法《まほう》つかい」）

*フルボ酸鉄＝土や天然水の中に広く分布《ぶんぷ》している物質。植物プランクトンが養分を吸収《きゅうしゅう》できるように働く。

問　右の文章の結論として、筆者は仙台湾でカレイがたくさんとれるのは何のためだと説明していますか。本文中から四字の言葉をぬき出しなさい。

ステップ2

時間	合格点	得点
25分	70点	点

勉強した日　月　日

1 次の文章を読んで、あとの問いに答えなさい。

植物たちは、光合成という反応をすることで、エネルギーの源《みなもと》となる物質を自分でつくります。ですから、食べ物を探《さが》し求《もと》めて動きまわる必要がありません。しかし、もしタネが光合成のできない「場所」や「季節」に発芽してしまったら、発芽したばかりの芽生えは、光合成をしてエネルギーの源となる物質をつくることができないので、*枯死《こし》します。

植物たちが食べ物を求めて動きまわらなくてもよいのは、芽生えが光合成をできるように、タネが「場所」と「季節」を選んで発芽するからです。そのために、タネは発芽する「場所」と「季節」を知るためのしくみを身につけていなければなりません。

春になると、多くの種類の植物たちのタネが発芽します。だから、野やあぜ道に、多種多様な雑草が芽を出してきます。「冬の間、寒くて発芽できなかったタネが、春になって温度が高くなり、暖《あたた》かい陽気に誘《さそ》われて発芽してきた」との印象を受けます。しかし、タネの発芽は、「暖かくなればおこる」という、気楽なものではありません。

（中略）

小学校で発芽の三条件とは「適切な温度、水、空気（酸素）」と教えられます。理科の教科書には、これを確認《かくにん》するための発芽の実験が紹介《しょうかい》されています。ダイズやインゲンマメなどを使って、この三つの条件のどれか一つが欠けても、発芽がおこらないことが示され、三つの条件がととのえば、実際にタネが発芽することが確認されています。……………ア

そのため、「適度に暖かく、発芽に使える水があり、呼吸《こきゅう》もできるという条件がそろえば、多くの植物のタネは発芽する」と思われがちです。しかし、実際には、そうではありません。多くの植物のタネは、発芽の三条件がそろったからといって、簡単《かんたん》には発芽しないのです。……………イ

発芽後の芽生えは、しばらくの間、タネの中に貯蔵《ちょぞう》されていた養分に依存《いぞん》して成長できます。しかし、その後、芽生えは光合成をして、ブドウ糖《とう》やデンプンをつくらねばなりません。発芽した芽生えは、「光が当たらないから」といって、光の当たる場所へ移動することはできません。もしそのまま光に出会えなければ、光合成ができず、自分で栄養分をつくり出すことができません。その芽生えは、やがて枯《か》れてしまいます。…ウ

そのため、多くのタネは、発芽の三条件がそろっているだけでなく、光の当たる場所を選んで発芽します。小学校の理科の教科書で発芽の実験に使われるダイズやインゲンマメな

どのように、人間に栽培《さいばい》される植物は、真っ暗の中で発芽してもいいかもしれません。そのまま枯れてしまうと困《こま》る人たちが、光の当たる場所に移動させてくれるからです。……エ

ところが、自然の中を自分で生きていかねばならない植物は、発芽の三条件以外に、発芽後も成長できるかどうかを見きわめねばなりません。少なくとも、光が当たっているかいないかを、発芽の際に自分で見きわめる必要があります。そのためには、光を感じる物質を身につけていなければなりません。

（田中《たなか》修《おさむ》「植物のあっぱれな生き方」）

＊枯死＝草や木が枯れ果てること。

(1) 次の文章は本文からぬき出したものです。本文中のア～エのどこに入りますか。記号で答えなさい。（20点）

なぜなら、発芽の三条件の中には、「光が当たること」という条件が入っていないからです。もし、光の当たらない場所でタネが発芽すれば、発芽した芽生えがどんな運命をたどるかは、容易に想像がつきます。

（　　）

(2) ――線「発芽したばかりの芽生えは……枯死します」とありますが、枯死しないためにタネはどのような工夫《くふう》をしていますか。それが書かれている部分を「という工夫。」に続くように、二十字以内でぬき出しなさい。（40点）

□□□□□□□□□□□□□□□□□□□□という工夫。

（東京学芸大附属竹早中―改）

2 次の文章を読んで、あとの問いに答えなさい。

テストというのは、出題者がいっぽうにいて、受験者が他方にいることによって成り立つ性質のものである。そして、そういう構造が現代の教育にゆきわたってしまったものだから、なによりもぐあいのわるいことに、およそ「問題」というものは、ひとさまからもらうもの、という思考習慣も抜《ぬ》きがたいものになってしまった。小学生、いや、幼稚《ようち》園の段階《だんかい》から、「問題」は先生が出すものと相場がきまっている。そして子どもたちは、出された「問題」を解くことに熱中して人生のスタートを切る。

もちろん、そのことじたいはわるいことではない。いや、ものごとをかんがえる訓練は、若《わか》い人たちに「問題」をあたえることからはじまるものだ。しかし、「問題」は、つねに先生だの、問題集だの、ドリルだのといったふうに外的にあたえられるものだ、とかんがえてしまうのも、人間の精神にとってけっして健全なことではあるまい、とわたしは思う。なぜなら、「問題」とは、ほんとうはそれぞれの個人が発見し、そしてつくる性質のものであるからである。

（加藤秀俊《かとうひでとし》「独学のすすめ」）

問 ――線「『問題』は……あるまい」とありますが、筆者はなぜそのように思うのですか。（40点）

（　　）

9 要点をまとめる

学習のねらい

要点というのは、筆者が最も言いたいことである。くり返される内容や言いかえの表現などに着目し、文章全体で筆者が言い表そうとしていることをまとめられるようにする。

勉強した日　月　日

ステップ1

❶ 次の文章を読んで、あとの問いに答えなさい。

歴史エッセイストとして活躍《かつやく》している友人によると、歴史を考えるときに大切なのは、その時代、その場所に身を置いてみることだという。我々《われわれ》はとかく結果から歴史上の人物の*功罪《こうざい》を判断しがちである。例えば、「小田原評定《おだわらひょうじょう》」（いつまでも決定しない会議・相談）という不名誉《ふめいよ》な故事で知られ、とかくからかいの対象になる*小田原北条《ほうじょう》氏も、戦国の世をなんとか生きぬこうと必死だったのだ。我々はその後の歴史を知っているから、早く豊臣《とよとみ》に従《したが》えばよかったのに、優柔不断《ゆうじゅうふだん》が家をほろぼしたと批判《ひはん》する。だが、当事者にしてみれば、豊臣はそんなに強いのか、従えば本当に許されるのか、あれこれ判断に苦しむのは当然だろう。その人物が知りえた情報をよく知ったうえで、歴史人物評は行われるべきだと思う。

＊功罪＝よい点と悪い点。
＊小田原北条氏＝関東の戦国大名。五代にわたって関東に勢力をふるったが、豊臣秀吉《ひでよし》に攻《せ》められてほろんだ。

問　上の文章の中心文（段落《だんらく》の内容を最もよく表した文）を探し、初めの五字をぬき出しなさい。

❷ 次の文章を読んで、あとの問いに答えなさい。

自然保護、環境《かんきょう》問題、エコロジー、あるいは持続可能性――総じて地球環境問題と呼《よ》ばれるような出来事を、意識せざるをえない時代に私《わたし》たちは暮《く》らしています。きっと何かが限界に達しつつあることを多くのひとが感じているのではないでしょうか。この場合、限界というのはエネルギー問題に代表される自然資源《しげん》の限界かも知れません。また、地球温暖《おんだん》化は私たちが暮らす環境を大きく変えてしまう可能性があります。あるいは、近代化や都市化、それを可能にした高度産業社会の仕組み。これらが自然の消費という観点から見てきわめて困難《こんなん》な局面に至《いた》りつつあるということかも知れません。

（野田研一《のだけんいち》「自然を感じるこころ」）

問　右の文章のキーワード（内容を理解するのに役立つ大事な言葉）を、二字でぬき出しなさい。

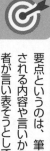

3 次の文章を読んで、あとの問いに答えなさい。

[1] 元来、日本や韓国《かんこく》ではハレ*の特別なことであったのだろうと思われる。だからこそ、今もって主婦が「ほかほか弁当」で昼食をすませたり、ファーストフードに群がるのを*揶揄《やゆ》するような雰囲気《ふんいき》が残っているのだろう。

[2] が、台湾《たいわん》では事情は全く異《こと》なる。先に記した外食の気軽さだってそうだが、お惣菜《そうざい》屋で買ってきて、ご飯だけ炊《た》いて、ひどい場合はそれさえも買ってきて、食事をすませてしまう。

[3] その背景《はいけい》にあるものは、作って食べるのと同じくらい、あるいはそれ以上に安いということである。

[4] 屋台や惣菜屋は恒常《こうじょう》的に大量の材料を仕入れるわけだから、普通《ふつう》に買うよりもかなり安くあがる。それを*薄利多売《はくりたばい》で商売するのである。また、女性の社会進出が日本とは比《ひ》較《かく》にならないくらい進んでいて、共稼《ともかせ》ぎの方が多いくらいである。必然的に買ってきてすませる空気にもなるのだろうと思われる。

（森枝卓士《もりえだたかし》「東方食見聞録」）

*ハレ＝はなやかなこと。　*揶揄する＝からかう。
*薄利多売＝値段《ねだん》を安くしてたくさん売ってもうける売り方。

問　次の文の①～③の（　）に合う語を本文中からぬき出して、[4]段落の要点をまとめなさい。

・（①）は普通に買うよりも安くあがり、また、（②）が進んでいるため、総菜を買ってすませる（③）にもなる。

①（　　　　）　②（　　　　）　③（　　　　）

4 次の文章を読んで、あとの問いに答えなさい。

どのような場所で自然を感じるか？　と問うたときに、人々の反応は多様でしたが、少なくとも生物がいない場所に自然を感じる人はいないはずだと考えられます。生物がいることこそが、他の天体にない地球の自然の特性だからです。また、一見生物が生息していないように見える砂漠《さばく》においてさえ、住人たちは同じように感じているに違《ちが》いありません。なぜなら、人は他の生物を食べて生きているからです。砂漠であっても、オアシスには水があり、そこには生物たちがいるはずであり、オアシスでなくても、地中には生物たちが必ず潜《ひそ》んでおり、それらが何らかの形で人の食糧供給《しょくりょうきょうきゅう》に貢献《こうけん》しているはずです。ですから生物は必ず生活の関心事であるはずなのです。そうでなければ、人あるいは人類が、現代まで生き残ってこられたはずがないのです。そしてこのことは、人が生活する上で、飲み水の確保とともに食糧の確保がなによりも大切であるという常識に基《もと》づいているのです。

（江崎保男《えざきやすお》「自然を捉《とら》えなおす」）

問　右の文章の要点を、二十字以内でまとめなさい。

ステップ2

時間 25分　合格点 70点　得点　点

勉強した日　月　日

1 次の文章を読んで、あとの問いに答えなさい。

遊ばなくなった子どもは、いくつもの大きな忘《わす》れものをしている。

なにしろ遊び相手という、対人関係がなくなってしまったのだ。人間は相手との往復関係のなかでどんどん成長していく。それがなくなることは、成長がゆがめられることを意味する。

遊び仲間には年上の子もいるし同年、年下の子もいる。そのなかで成長するはずの、①大きな教育の場を失ったということだ。

しかも遊びでは原則として実力本位だから、強いものが勝った。そのためにいろいろと勝つ工夫《くふう》をした。

ベーゴマという遊びがあった。コマを回して相手のコマをはじき飛ばせば勝ちである。だからコマのまわりを削《けず》り、鋭《するど》くとがらせておくと強い。

（中略）

竹トンボは軸穴《じくあな》が大事で、大きすぎるとまったく飛ばない。狭《せま》くてもひっかかる。ほどよさがコツだ。そして羽の削り具合が絶妙《ぜつみょう》で、羽の薄《うす》さ、カーブのつけ方がすべてを決定する。こうした高級なことは、とかく都会っ子は不得手《ふえて》だった。

いまではもう名前すら忘れられたものばかりだが、こんな遊びには手づくりの創意《そうい》工夫が必要で、つくり上げたものにはたいへんな愛着があった。なくなればまた買えばいい、といったものではない。

しかも②この創意工夫は勝負という対人関係から出てくる。つまり人間関係から生まれる「対話」のなかで、子どもはそれぞれより上等な立場をつくっていくことにしのぎを削るのだから、無言の塀《へい》にボールを投げつけているのとは、わけがちがう。

どうしたらメンコを一枚《まい》でも多くとれるか。それをつまらないことというのは当たらない。

勝負という「対話」をはげしく交《か》わしながら自分をくん練《れん》していくところに、むかしの遊びの値打《ねう》ちがあった。

鬼《おに》ごっことか隠《かく》れんぼなどもよくやった。探偵《たんてい》ごっこなどもスリルがあった。こういう集団の遊びはいっそう濃密《のうみつ》に集団の規律《きりつ》に従《したが》うのだから「ことば」が飛び交い、自分にふりかかり、自分からも「対話」をこころみる必要があった。

それがテレビゲームに代わってしまうと、生身の相手や仲間から発せられる「ことば」がない。だまって指先を動かしているだけで、自分の生の「ことば」を発しない。

お互《たが》いが人間らしく勝ちほこったり、くやしがったりする「対話」。お互い勝とうとする激《はげ》しい心の「ことば」。仲間として規制され、規制に従おうとして交わしつづけられる「ことば」――こうした「ことば」をもつむかしの遊びをすててしまった現代の子どもは、みんな成長を拒否《きょひ》する、重度の失語症《しょう》である。

（中略）

さてこうした「ごっこ遊び」は、それぞれ大人たちのやっていることをまねする遊びだから、知らず知らずのうちに、大人たちのやり方を身につけることとなる。同じ仲間のなかにいる年上者がしぜんに指導役になる。

彼《かれ》が鬼からの逃《に》げ方、戦争の仕方をおしえ、彼女《かのじょ》が主婦役をつとめて年少のものは来客や子どもになって、少しずつ「ままごと」の家族がつくられる。

ところが「ごっこ遊び」の姿《すがた》など、もう何年も見かけなくなった。要するに、子どもにとってもっとも大事な大人への成長過程であるまねごとが、遊びといっしょに子どもの世界から消えたのである。

まねごとを通していままでの子どもは少しずつ大人の習慣やふるまいを身につけてきた。その過程が、もうないのである。

（中西《なかにし》 進《すすむ》「日本人の忘《わす》れもの」）

(1) ――線①「大きな教育の場」とありますが、どのような「場」かを説明した次の文の□に合う言葉を、これよりあとの本文中から十字でぬき出しなさい。（30点）

・さまざまな仲間との関係の中で□□□□□□□□□□場。

(2) ――線②「この創意工夫は勝負という対人関係から出てくる」とありますが、これはどういうことですか。最も適切なものを次から選び、記号で答えなさい。（30点）

ア　愛着の持てる遊び道具を作る工夫は、遊び仲間と真剣《しんけん》に勝負する中で、しだいに上達していくということ。

イ　より上に立つための工夫は、対戦する者同士が互いに道具の作り方を観察することから始まるということ。

ウ　遊び道具を手作りするときの工夫は、仲間の中でより上の立場に立とうとすることから生まれるということ。

エ　都会の子が勝つための工夫は、年上の子からコツを教えてもらうことで得られるということ。

（　　）

(3) 本文の内容として最も適切なものを次から選び、記号で答えなさい。（40点）

ア　現代の子どもには、遊び道具を手作りする機会や、集団で行動する場が全くなくなっている。

イ　子どもたちは実力本位の遊びの場で、強いものに従わなければならないことを身をもって学ぶ。

ウ　昔の子どもたちは、遊びの場において自分をきたえたり、大人のふるまいを身につけたりしていた。

エ　ごっこ遊びは消えたが、現代ではテレビゲームがそれに代わるまねごとの場となっている。

（　　）

（大宮開成中―改）

ステップ3

時間	合格点	得点
45分	70点	点

勉強した日　月　日

1 次の文章を読んで、あとの問いに答えなさい。

現代においては、子どもの問題がジャーナリズムをよく賑《にぎ》わしている。子どもの自殺はひと頃《ころ》ほど騒《さわ》がれなくなったが、不登校や家庭内暴力はなかなか減少しそうにない。それと、現代における子どもの問題の特徴《とくちょう》は、一般《いっぱん》のどのような家庭においても、問題の発生する可能性をもっている、ということであろう。（中略）しかし、家庭内暴力をふるう子どもに言わせると「親が悪い」のであって、そのために子どもは散々に暴力をふるうのである。それが時に両親を死に至《いた》らしめるほどのものであることは、新聞の報道などによって、よく知られているとおりである。両親にすると自分たちは特別に他と比べて悪いところがあると思えないのに、子どもが荒《あ》れ狂《くる》うので、ついには自分の子が精神病ではないか、と思う人も多いのである。しかし、子どもたちは精神病ではない。それでは彼《かれ》らは何に対して怒《いか》り狂っているのだろうか。

これは端的《たんてき》に核心《かくしん》をつく例なので、これまでも述べたことがあるが、次のようなことがあった。両親が暴力をふるってくる子どもに向かって、自分たちがこれまで何でもお前の欲《ほ》しいものを与《あた》えてやってきたのに、何が不足で暴れるのかと尋《たず》ねた。それに対して子どもは、①「うちに宗教《しゅうきょう》がない」と答えたのである。このように子どもが発言してくれたのは、この子が随分《ずいぶん》とよくなってきているからであり、普通《ふつう》はなかなかこのような表現もできず、本人でさえ何が不足であるのかはっきりとは解《わか》っていないことが多い。しかし、この子のように明確に言われた場合、多くの日本の家庭においては、答《こたえ》に窮《きゅう》するのではなかろうか。ここで、子どもが「宗教」と言っていることは、単に葬式《そうしき》を仏教でするかどうかなどというのではなく、もっと本質的な問いかけであることはもちろんである。

考えてみると、②この親子の問答は日本の現在の状況《じょうきょう》を極《きわ》めて端的に表《あら》わしているものと言える。「欲しいものはすべて与えた」ということは、本当にひるがえって考えると、神のみが言えることではなかろうか。他人の欲《ほっ》するものをすべて知り、そのすべてを与えることなど人間にできるはずがない。しかし、多くの親はそれを子どもにしてやってきたと思う。いったいこれはどうしてなのだろう。これは物質的な豊かさをすべてと思うところに基礎《きそ》があると思われる。特に、現在、親となっている人たちは物質的な窮乏《きゅうぼう》を体験した人が多いので、自分の子どもにはこの苦労をさせたくない、というよりはむしろ、多くの物を与えてさえやれば、すなわちそれで満足であると思っている。しかし、それは「豊かな」ことであろうか。その点を、子どもたちは真直《まっすぐ》に突《つ》いてくるのである。

物の豊かさがすべてであるならば、確かに、現代人は大分「神」に近づいていると言えるかも知れない。「欲しいものはすべて与えた」という親には、無意識に神に近づいたものとしての傲慢《ごうまん》さがある。しかし、それは実のところ神に近いわけでも、豊かなわけでもない。絶対に不足しているものを指して、子どもは「宗教がない」と言ったのである。このように考えると、家庭内暴力の子がよく親に対して、「なぜ僕《ぼく》を生んだのか」と喰《く》ってかかる事実が思い起こされる。これはむちゃくちゃなことを言っているようだが、少し考え直してみると、「なぜ生まれてきたのか」、「どこから来たのか」という人間存在《そんざい》にとって、もっとも根源《こんげん》的な問いにつながっているように思われる。これらの、もっとも根源的なことを不問にして、ただ物ばかり与えられ、しかも、それで何の不足もないだろうなどと断定されては、子どもとしてはたまったものではない。こんなことを考えると、子どもたちが暴力をふるうのも無理はないとさえ感じられるのである。

どうして、現代の子どもたちはこのような根源的な問いかけを、しかも極めてラディカル*な形で、親に対して投げかけてくるのであろうか。それは多くの親たちがあまりにもそのことを忘《わす》れているからである。大人は忙《いそが》しいのだ。家が必要だし、車も欲しい。それに、家にも車にもいろいろ種類がある。親類の誰《だれ》それが、友人の誰かがどんなのを持っているかも気になることである。そして、何をするにもお金がいるのだ。こうしてあまりにも忙しくしていると、お金がすべてのような錯覚《さっかく》が起こってくる。

（中略）

大人たちの現実認識《にんしき》があまりにも単層《たんそう》的で、きまりきったものとなるとき、子どもたちの目は、大人の見るのとは異《こと》なった真実を見ているのである。われわれ大人の目は、常識というものによって曇《くも》らされている。子どもたちの透徹《とうてつ》した目は、異なった真実を見る。しかし、残念ながら多くの場合、彼らは言葉をもたない。従《したが》って、彼らは言語表現の道を断《た》たれ、いわゆる「問題行動」を通じてしか表現の手段《しゅだん》をもたなくなるのである。ここに、③児童文学の存在《そんざい》意義が生じてくる。子どもの目をもって、ものを見つつ、言語表現によってそれを表現することが、その課題なのだ。それは大人にも通じる言語表現を用いることと、子どもの目によってものを見ることと、その葛藤《かっとう》を克服《こくふく》してゆくことによって達成される。

（河合隼雄《かわいはやお》「子どもの本を読む」）

＊ラディカル＝過激《かげき》なさま。急進的。

(1) ——線①「うちに宗教《しゅうきょう》がない」とありますが、これはどういうことですか。「〜ということ。」に続くように三十字以内で説明しなさい。（20点）

ということ。

(2) ――線②「この親子の……表わしている」とありますが、筆者は「日本の現在の状況《じょうきょう》」をどう考えていますか。次の文中の□にあてはまる七字の言葉を、本文中からぬき出しなさい。(10点)

・大人たちが□ばかりを追求している状況。

(3) ――線③「児童文学の存在意義《そんざいいぎ》」とありますが、筆者はそれをどういうものだと言っていますか。(20点)

（　　　　）

(渋谷教育学園幕張中―改)

2 次の文章を読んで、あとの問いに答えなさい。

1 死生観とは、「死」をどういうものとして受け入れ、「死」を前提にしてどのように生きればよいのか、という漠然《ばくぜん》たる了解《りょうかい》です。近代人は、この意味での死生観を持つことができません。なぜなら、「死」はただ一人の人間の生物的な意味での生命の終わりであり、それだけのことだからです。

2 生命尊重《そんちょう》主義、生存至上《しじょう》主義をとる近代社会では、「死」は生命を奪《うば》い取《と》る悪魔《あくま》のようなもので、できるだけ「死」については思考を停止した。「メメント・モリ（死を忘《わす》れるな）」はせいぜい中世の教訓で、現代人はできるだけ「死」を忘れることにしている。生命尊重主義からすれば、課題は、死生観ではなく、いかにして「死」を先延《さきの》ばしし生きながらえるかです。科学や医療《いりょう》や技術を駆使《くし》して、いかにして「死」と「生」の境界線を引き直し、いかにして「死」を先送りするか、ということなのです。こうなると「死」は医療技術の従属《じゅうぞく》変数ということになってしまう。

3 病院の一室でベッドに寝《ね》かされ、点滴《てんてき》やらその他のチューブを差し込《こ》まれ、心臓《しんぞう》の鼓動《こどう》をモニターして、画面に映《うつ》ったピコピコだけで「生」か「死」かを管理するという光景がどうしても浮《う》かんでくるでしょう。これは近代主義というものの果てにあらわれてくる生の廃墟《はいきょ》といってよいでしょう。

4 考えてみれば、①これはなかなかの皮肉ではないでしょうか。

5 生命尊重主義にたち生存を第一原理とする近代社会は、まさに人間の「生」と「死」を、もっともその基本的な原点、すなわち生物的・生理的な次元にまで退却《たいきゃく》させてしまったのです。生命尊重主義のゆきついた先が生命維持装置《いじそうち》なのです。

6 ここでは人間はただひたすら生物的・生理的な存在であって、「生」とは循環器《じゅんかん》と呼吸器《こきゅう》が機能しているということにほかなりません。どうやら文明のきわめて高度な段階《だんかい》で、人間は②もっとも単純《たんじゅん》でむき出しの生物的存在に戻《もど》ってしまった。

7 人間の基本的権利《けんり》なるものがかつてなく重要な価値《かち》とされ、科学がかつてなく進歩し、医療技術がかつてなく高度化したこの「近代市民社会」のまっただなかで、われわれは「死」にさいして、もっとも単純な人間存在であるむき出しの生命体に戻らざるをえないのです。

8 おそらくは誰《だれ》もが、ベッドにくくりつけられて生命維持装置によって「生かされる」ことを望みはしないでしょう。しかし、誰もがそうなる可能性にさらされている。そして、どうすればそれを避《さ》けることができるかわからない。だからできるだけ「死」については考えまいとする。そうこうするうちに気がつけば救急車で病院に運ばれ、チューブ人間にされてしまうというわけです。

9 だが、それこそが③今日の死生観というべきものなのかもしれません。もし今日の死生観があるとすれば、それこそ、ベッドにくくりつけられてもよし、全身チューブだらけで生きる物体になってもよし、道端《みちばた》で突然《とつぜん》死んでもよし、事故にあってもよし、としてすべてを受け入れる覚悟《かくご》をもつことかもしれません。こういうふうに達観すれば別に「死」について思《おも》い悩《なや》む必要もないでしょう。

（佐伯啓思《さえきけいし》「反・幸福論《ろん》」）

(1) ——線①「これはなかなかの皮肉ではないでしょうか」とありますが、筆者はどんなことを「皮肉」だと言っているのですか。2～5段落の言葉を使って、三十字以内でまとめなさい。（20点）

(2) ——線②「もっとも単純でむき出しの生物的存在」とありますが、これを説明した次の文の□に合う言葉を、本文の同じ段落の中から十四字でぬき出しなさい。（10点）

・ただ□だけの存在。

(3) ——線③「今日の死生観」とありますが、筆者は、今日の死生観を、どういうことだと言っていますか。（20点）

（　　）

10 物語を読む(1)

学習のねらい

物語を読むときは、登場人物の心情や主題を理解することが大切。そのために、登場人物の言葉や行動をとらえ、その理由や原因を考えるようにする。

勉強した日　月　日

ステップ1

❶ 次の文章を読んで、あとの問いに答えなさい。

僕《ぼく》は小さい時に絵を描《か》くことが好きでした。僕の通っていた学校は横浜《よこはま》の山《やま》の手《て》という所にありましたが、そこいらは西洋人ばかり住んでいる町で、僕の学校も教師は西洋人ばかりでした。[①]その学校の行きかえりにはいつでもホテルや西洋人の会社などがならんでいる海岸の通りを通るのでした。通りの海添《ぞ》いに立って見ると、真青《まっさお》な海の上に軍艦《ぐんかん》だの商船だのが一ぱいならんでいて、煙突《えんとつ》から煙《けむり》の出ているのや、檣《ほばしら》から檣へ万国旗《ばんこくき》をかけわたしたのやがあって、眼《め》がいたいように綺麗《きれい》でした。僕はよく岸に立ってその景色を見渡《みわた》して、家に帰ると、覚えているだけを出来るだけ美しく絵に描いて見ようとしました。[②]あの透《す》きとおるような海の藍色《あいいろ》と、白い帆前船《ほまえせん》などの水際《みずぎわ》近くに塗《ぬ》ってある洋紅色《ようこうしょく》とは、僕の持っている絵具《えのぐ》ではどうしてもうまく出せませんでした。

（有島武郎《ありしまたけお》「一房《ひとふさ》の葡萄《ぶどう》」）

問 [①]・[②]にあてはまる言葉を次から選び、それぞれ記号で答えなさい。

ア つまり　イ そして　ウ または　エ けれども

①（　　）　②（　　）

❷ 次の文章を読んで、あとの問いに答えなさい。

川には、大きな木船を曳《ひ》いたポンポン船がひねもす行き来していた。川神丸とか雷王《らいおう》丸とか、船名だけは大袈裟《おおげさ》な、そのくせ箱舟《はこぶね》のように脆《もろ》い船体を幾重《いくえ》もの塗料《とりょう》で騙《だま》しあげたポンポン船は、船頭たちの貧しさを巧《たく》みに①代弁していた。狭《せま》い船室に下半身を埋《うず》めたまま、彼等《かれら》は妙《みょう》に②毅然《きぜん》とした目で橋の上の釣《つ》り人を睨《にら》みつける。[　　]釣り人は慌《あわ》てて糸をたぐりあげ、橋のたもとへと釣り場を移すのであった。

夏にはほとんどの釣り人が昭和橋《しょうわばし》に集まった。昭和橋には大きなアーチ状の欄干《らんかん》が施《ほどこ》されていて、それが橋の上に頃合《ころあい》の日陰《ひかげ》を落とすからであった。よく晴れた暑い日など、釣り人や通りすがりに竿《さお》の先を覗《のぞ》き込《こ》んでいつまでも立ち去らぬ人や、さらには川面《かわも》にたちこめた虚《うつ》ろな金色《こんじき》の陽炎《かげろう》を裂《さ》いて、ポンポン船が咳込《せきこ》むように進んでいくのをただぼんやり見つめている人が、騒然《そうぜん》たる昭和橋の一角の濃《こ》い日陰の中で佇《たたず》んでいた。その昭和橋から土佐堀川《とさぼりがわ》を臨《のぞ》んでちょうど対岸にあたる端建蔵橋《はたてくらばし》のたもとに、やなぎ食堂はあった。

（宮本《みやもと》輝《てる》「泥《どろ》の河」）

(1) ——線①「代弁していた（代弁する）」、②「毅然とした」の意味を次から選んで、それぞれ記号で答えなさい。

① ア 人に代わって語る。 イ おおいかくす。
ウ おおげさに話す。 エ 正直に言う。 （　　）

② ア おどおどした。 イ 意志のしっかりした。
ウ いばった。 エ ぼんやりした。 （　　）

(2) □にあてはまる言葉を次から選び、記号で答えなさい。

ア また イ しかし ウ すると エ さて （　　）

(3) ＝＝線「それ」は、何を指していますか。

（　　）

3 次の文章を読んで、あとの問いに答えなさい。

「猫《ねこ》のことだけどさ」

武信《たけのぶ》が、その朝からずっとそうだったようにぐずぐず言いだした。

「やっぱり無理だよ、近所から苦情もでてるわけだし」

（中略）

「やだ」

私《わたし》は即答《そくとう》した。

半月ほど前に、私は子猫を拾ったところだった。近所のコンビニエンスストアのゴミ箱の横で。抱《だ》きあげるとふるえていて、アパートに連れ帰るといきなり粗相《そそう》をし、ミルクをやると、顔ごと皿に突進《とっしん》した。全身やわらかな黄色い毛におおわれているその猫に、私は「きいろ」という名前をつけた。

「部屋の中めちゃくちゃじゃん。くさいし」

武信は言いつのる。たしかに、部屋の様子はひどいものだった。壁《かべ》もドアも爪跡《つめあと》だらけ、カーテンの裾《すそ》がほつれて部分＊シャーリング状態になり、本が何冊《さつ》か犠牲《ぎせい》になった。きいろは、本の背《せ》をばりばりにするのが好きな類《たぐい》の猫なのだ。また、あちこちに跳《と》びのるので、粘土《ねんど》細工の人形だの写真立てだの、灰皿《はいざら》だのコップだのといったガラクタが、床《ゆか》に落ちて壊《こわ》れた。

「それに、昼間閉《と》じ込《こ》めっぱなしじゃかわいそうだよ」

（江國香織《えくにかおり》「清水夫妻」）

＊シャーリング＝ひだを寄せる洋裁の技法。

問 武信が猫を飼うのは無理だと言う理由を、三つにまとめて書きなさい。

（　　）

（　　）

（　　）

ステップ2

勉強した日	
月	日

時間	合格点	得点
25分	70点	点

1 次の文章を読んで、あとの問いに答えなさい。

〔夏代《なつよ》は、この夏休みは悪いことが重なり、財布《さいふ》まで落とした。だが交番に行ってみると、財布は届《とど》けられていた。帰り際《ぎわ》、夏代はお巡《まわ》りさんたちから一枚《まい》の紙きれを渡《わた》された。財布を拾ってくれた人の住所や電話番号が書いてあるので、①電話してお礼を言っておきなさいと言われた。〕

「藤原俊造《ふじわらしゅんぞう》　七十二歳《さい》」

紙きれの一行目に読みにくい行書体でそう書かれていて、住所は世田谷《せたがや》区玉堤《たまつつみ》となっている。ここから歩いても、さほどの距離《きょり》ではなかった。

夏代は久しぶりに、ほんとうに久しぶりに明るい気持ちになっていたから、電話をするよりも直接行ってお礼を言おうと考えた。

駅前から銀杏《いちょう》の並木道《なみきみち》をずっと歩いていくと、途中《とちゅう》にある花屋の店先に明るいオレンジ色の花が咲《さ》いていた。何の花かと思って近寄ってみると、それは花ではなく少し早いほおずきの実だった。夏代はほおずきを買った。愛想《あいそ》のいい店のおばさんが、「少しおまけしときますね」と言いながら一本余分に持たせてくれた。

夏代はほおずきを花束のように抱《かか》えながら並木道を歩き、坂道を下り、昇《のぼ》り、また下った。

川っぷちの町に着いて、商店街で訊《たず》ねながら行くと、その家は案外簡単《かんたん》に見つかった。

ひっそりとした、木造の小さな家の門柱に「藤原」という表札が見えた。人気《ひとけ》のない玄関《げんかん》の引き戸の前で、なんとなく入りかねていると、背後《はいご》で足音が聞こえた。

犬を連れた老人が立っていた。柴犬《しばいぬ》に似た雑種らしい犬は、はッはッと息を吐《は》きながら立ち止まった主人を見あげている。

「あの……、藤原俊造さんですか」

「そうですが」

老人は不思議そうに、ほおずきの花束を抱えた奇妙《きみょう》な女の子を見つめた。

「あの、あたし、お財布拾ってもらった者なんですけども……」

「ああ」

老人は合点《がてん》がいったように頷《うなず》いた。

「あの、ほんとにありがとうございました」

そう言って頭を下げたとたん、②唐突《とうとつ》に冷たい涙《なみだ》が滝《たき》のように夏代の頬《ほお》を流れ落ちた。びっくりしたのと恥《は》ずかしいのが一緒《いっしょ》くたになって、夏代の身体《からだ》の内側を駆《か》けまわった。

夏代は「お礼です」と叫《さけ》ぶように言ってほおずきを老人に渡し、驚《おどろ》いた顔の老人と犬に「さよならっ」と言った。

駅へ続く坂道を、夏代は駆け昇った。心臓《しんぞう》がばくんばくんと音を立てた。終わりかけた夏の風が夏代の頬をすべっていった。

そう思ってしたことでなくとも、優しさとか、善意《ぜんい》とか言うものは確かに人間を救うことがあるんだな。わけのわからなくなった頭の中で、夏代はそんなことを考えていた。

（鷺沢《さぎさわ》萠《めぐむ》「海の鳥・空の魚」）

(1) ――線①「電話してお礼を言っておきなさいと言われた」とありますが、夏代は直接お礼に行くことにします。その理由を本文中から二つ探《さが》し、それぞれ一文でぬき出して初めの五字を書きなさい。（25点×2―50点）

(2) ――線②「冷たい涙が滝のように夏代の頬を流れ落ちた」とありますが、それはなぜだと言っていますか。最も適切なものを次から選び、記号で答えなさい。（20点）

ア　やりきれない気持ちでいたところに、人の無意識的な行動が、受け手の救いになる局面を目《ま》の当《あ》たりにしたから。

イ　ほおずきの花束を抱えた奇妙な女の子を、不思議そうに見つめた老人の飼い犬に親近感を覚えたため。

ウ　家に着いた時には人気がなく、なんとなく入りかねていたところに老人が現れたので、安心したため。

エ　老人の出現にびっくりしたのと、財布を落とすなど恥ずかしい失敗をしたことを後悔《こうかい》したため。（　　）

（日本大中―改）

2　次の文章を読んで、あとの問いに答えなさい。

〔作者は、御坂峠《みさかとうげ》の茶店《さてん》に部屋を借りて仕事を始めた。〕

この峠は、甲府《こうふ》から東海道《とうかいどう》に出る鎌倉往還《かまくらおうかん》の衝《しょう》に当《あた》っていて、北面富士《ふじ》の代表観望台であると言われ、ここから見た富士は、むかしから富士三景の一つにかぞえられているのだそうであるが、私《わたし》は、あまり好かなかった。好かないばかりか、軽蔑《けいべつ》さえした。あまりに、おあつらいむきの富士である。まんなかに富士があって、その下に河口湖《かわぐちこ》が白く寒々とひろがり、近景の山々がその両袖《りょうそで》にひっそり蹲《うずくま》って湖を抱《だ》きかかえるようにしている。私は、ひとめ見て、狼狽《ろうばい》し、顔を赤らめた。これは、まるで、風呂《ふろ》屋のペンキ画だ。芝居《しばい》の書割《かきわり》だ。どうにも註文《ちゅうもん》どおりの景色で、私は、恥ずかしくてならなかった。

（太宰《だざい》治《おさむ》「富嶽百景《ふがくひゃっけい》」）

＊衝＝通り道。

問　――線「私は、あまり好かなかった」とありますが、それはなぜですか。理由がわかる言葉を本文中から十八字で探し、初めの四字をぬき出しなさい。（30点）

11 物語を読む(2)

学習のねらい

物語では、登場人物の心情の変化をとらえることが重要。人物の気持ちの移り変わりが、そのまま作品の主題となることもあるので、注意して読むこと。

勉強した日　月　日

ステップ1

1 次の文章を読んで、あとの問いに答えなさい。

汽車が大船《おおふな》を離《はな》れた頃《ころ》から、信一郎《しんいちろう》の心は、段々烈《だんだんはげ》しくなって行く焦燥《もどか》しさで、満たされていた。国府津《こうづ》までの、まだ五つも六つもある駅ごとに、汽車が小刻《こきざ》みに、停車せねばならぬことが、彼《かれ》の心持《こころもち》をかなり、いら立たせているのであった。

彼は、一刻《いっこく》も早く静子に、会いたかった。（菊池《きくち》寛《かん》「真珠《しんじゅ》夫人」）

問　――線「国府津までの……いら立たせているのであった。」とありますが、信一郎はなぜいら立っているのですか。

（　　　　）

2 次の文章を読んで、あとの問いに答えなさい。

生活がまだ蝕《むしば》まれていなかった以前私《わたし》の好きであった所は、たとえば丸善《まるぜん》であった。赤や黄のオードコロンやオードキニン。洒落《しゃれ》た切子《きりこ》*細工や典雅《てんが》なロココ*趣味《しゅみ》の浮模様《うきもよう》を持った琥珀《こはく》色や翡翠《ひすい》色の香水壜《こうすいびん》。煙管《きせる》、小刀、石鹸《せっけん》、煙草《たばこ》。私はそんなものを見るのに小一時間も費《つい》やすことがあった。そして結局一等いい鉛筆《えんぴつ》を一本買うくらいの贅沢《ぜいたく》をするのだった。しかしここももうその頃の私にとっては重くるしい場所に過ぎなかった。書籍《しょせき》、学生、勘定《かんじょう》台、これらはみな借金取りの亡霊《ぼうれい》のように私には見えるのだった。

（梶井基次郎《かじいもとじろう》「檸檬《れもん》」）

＊切子細工＝ガラスに切りこみや彫刻《ちょうこく》などをしたもの。
＊ロココ趣味＝十八世紀にヨーロッパで流行した美術様式。

問　――線「ここももう……重くるしい場所に過ぎなかった」とありますが、何のためにそうなったのですか。本文中から二字の言葉をぬき出しなさい。

□□

3 次の文章を読んで、あとの問いに答えなさい。

暑中休暇《きゅうか》を利用して海水浴に行った友だちからぜひ来いというはがきを受け取ったので、私は多少の金をくめんして、出かけることにした。私は金のくめんに二、三日を費《つい》やした。ところが私が鎌倉《かまくら》に着いて三日とたたないうちに、私を呼び寄《よ》せた友だちは、急に国もとから帰れという電報を受け取った。電報には母が病気だからと断わってあったけれども友だちはそれを信じなかった。友だちはかねてから国もとにいる親たちにすすまない結婚《けっこん》をしいられていた。彼は現代の習慣からいうと結婚するにはあまり年が若《わか》すぎた。それに肝心《かんじん》の当人が気にいらなかった。それで夏休みに当然帰るべきところを、わざと避《さ》けて東京の近くで遊んでいたのである。

（夏目漱石《なつめそうせき》「こゝろ」）

問　――線「友だちはそれを信じなかった」とありますが、なぜですか。理由を述べた次の文中の①・②にあてはまる言葉を、本文中から七字と二字でぬき出しなさい。

・友だちは国もとの親たちから①をしいられていたので、母の②は自分を呼び寄せる口実だと思ったから。

①　　　　　　　　②

4 次の文章を読んで、あとの問いに答えなさい。

「おかあさん、ただいまぁ」

女はハッと目を覚ました。目をこすりこすり起き上がる。写真の整理をしているうちに、居眠《いねむ》りをしてしまった。ぱたぱたと廊下《ろうか》を和恵《かずえ》が駆《か》けて来る音がする。

ランドセルを背負《せお》ったまま、ひょいと娘《むすめ》がダイニングキッチンをのぞきこんだ。

「あれ、なんの写真？」

テーブルの上に広げられた写真に近寄ってきた。

「かずちゃんのはないの？」

「かずちゃんが産まれる前の古い写真なの」

少女は、大きな古びた台紙に貼《は》られた写真に興味を示した。

「これはなあに？」

「おかあさんとおかあさんのお友達が、高校を卒業する時に一緒《いっしょ》に撮《と》った写真よ」

「おかあさんも学校に行ってたの？」

「そうよ」

少女は不思議そうに写真を見た。今、目の前にいる母親に、スクールデイズがあったということが信じられないのだろう。あたしも昔そうだった。母にも母がいるということが理解できなかった。あれは『おばあちゃん』という固有の存在《そんざい》で、母の母だから『おばあちゃん』なのだということが分からなかったのだ。生命がずっと連続しているという事実を把握《はあく》できたのは、いったい何歳《さい》くらいのことだっただろうか。

（恩田《おんだ》陸《りく》「春よ、こい」）

問　――線「少女は不思議そうに写真を見た。」とありますが、なぜ不思議に感じたのですか。

（　　　　　　　　）

ステップ2

時間 25分
合格点 70点
得点 点

勉強した日 月 日

1 次の文章を読んで、あとの問いに答えなさい。

〔息子《むすこ》の「岳《がく》」のことで突然《とつぜん》学校に呼《よ》び出《だ》された妻が帰って来て、「私《わたし》」に話の内容を話し始めた。〕

「岳がね、友達のお金を盗《と》った、っていうのよ」

「え？」

はたしていったい何事なのだろうと、一応の心配はしていたけれど、せいぜい友達とけんかしたか、仲間との何かのいたずらが見つかってしまったぐらいのことだろうと思っていた私はそのひと言でいささか動顛《どうてん》してしまった。

「高山くんのお母さんがね、血相を変えてきていて、このところ頻繁《ひんぱん》に高山くんのお兄ちゃんのお小遣《こづか》いがなくなってしまうので、昨日高山くんを問いつめたら岳が盗っていった、っていうんですって……」

「岳が高山くんの家の中に入っていってか？」

①私は驚《おどろ》きつつもその内容を聞き、なんだかわけもなくすこし笑いたいような気持《きもち》になった。

「ええ。うちの子は絶対にそんなことはするわけがありませんからね！　ってともかく高山君のお母さんがそういってすごい見幕《けんまく》なのよ！」

「まさか」

「私もそんなこと急に言われても信じられないし、本人にもまだ聞いてみなければわからないし、と思って」

「先生は何て言ってた？」

「とにかく調べてみましょう……って」

私の気持の内側が急速にたとえようもなく不快になっていくのが自分でも厭《いや》になるほどよくわかった。

「高山くんのお母さんはどうして岳がお金を盗ったなんて断言できるんだろう」

私は自分が一番不愉快《ふゆかい》になっている部分がそのあたりだということに気づいてそのことを改めて聞いた。

「高山君を問いつめたら、そう言った、というんですけど……」

私の頭の中に高山くんのオカッパ頭が素早《すばや》くチラついて消えた。盗られたお金は、五百円札で、それは高山くんのお兄さんが預金しようと思っていたピンピンの札なのだという。盗られたのはお金だけではなく、以前から高山くんのお兄さんが大事にしていた釣《つ》りの疑似餌《ぎじえ》だとか浮《う》きなどが頻繁に無くなっていて、それらもどうやら岳が盗っていたようだ、そういう品物ならまだなんとか気持はおさえられるが、こんなに小さいうちからお金を盗るということになると重大な問題です！　と、高山くんの母親は先生と妻の前でカナキリ声をあげて

②激高《げっこう》していたのだという。
その話を聞きながら私は自分の左の胸《むね》のあたりがぎゅるぎゅるとゆっくり痛《いた》くなってきているのに気がついた。なにかとてつもない心配ごとや怒《いか》りごとがあると胸が痛くなるというけれどそれは本当にそうなるのだなあ、と私は人ごとのようにそのことをぼんやりいつまでも考えていた。

（椎名《しいな》誠《まこと》「岳物語」）

(1) ——線①「私は驚きつつも……気持になった。」とありますが、その理由を述べた次の文中の[①]・[②]に合う言葉をあとから選び、それぞれ記号で答えなさい。（30点）

・「岳」が高山君の家の中に入ってお金を盗《ぬす》むという光景はあまりに[①]で[②]であったから。

ア 悲痛《ひつう》　イ 滑稽《こっけい》　ウ 現実的　エ 非現実的

①（　　）②（　　）

(2) ——線②「その話を聞きながら……気がついた。」における「私」の気持ちを説明したものとして、最も適切なものを次から選び、記号で答えなさい。（30点）

ア 本当に自分の息子がお金や物を盗んだのだろうかと不安になっている。
イ 自分の息子に限って、盗みをはたらくはずはないと腹《はら》立《だ》たしい気持ちになっている。
ウ きちんとした調査もしないで、自分の息子を犯人扱《あつか》いするのは不公平だと思っている。
エ 自分の息子がこのまま盗みの犯人にされてしまうのではないかと将来《しょうらい》のことを心配している。

（　　）

（西武学園文理中—改）

2 **次の文章を読んで、あとの問いに答えなさい。**

禅智内供《ぜんちないぐ》の鼻といえば、池《いけ》の尾《お》で知らない者はない。長さは五六寸《すん》あって上唇《うわくちびる》の上から顋《あご》の下まで下《さが》っている。形は元も先も同じように太い。いわば細長い腸詰《ちょうづ》めのような物が、ぶらりと顔のまん中からぶら下っているのである。

五十歳《さい》を越《こ》えた内供は、*沙弥《しゃみ》の昔から内道場供奉《ないどうじょうぐぶ》の職に陞《のぼ》った今日《こんにち》まで、内心では始終この鼻を苦に病《や》んで来た。もちろん表面では、今でもさほど気にならないような顔をしてすましている。これは専念《せんねん》に当来の浄土《じょうど》を*渇仰《かつごう》すべき僧侶《そうりょ》の身で、鼻の心配をするのが悪いと思ったからばかりではない。それよりむしろ、自分で鼻を気にしているということを、人に知られるのが嫌《いや》だったからである。内供は日常の談話の中に、鼻という語が出てくるのを何よりも惧《おそ》れていた。

（芥川龍之介《あくたがわりゅうのすけ》「鼻」）

＊沙弥＝修行《しゅぎょう》中の男性の僧。　＊渇仰＝心からあこがれ慕《した》うこと。

問 ——線「内供は……惧れていた。」とありますが、それはなぜですか。文章中の言葉を使って書きなさい。（40点）

（　　）

12 物語を読む(3)

学習のねらい

物語を読むうえで最も重要なことは、主題をとらえることである。物語をとおして作者が最もうったえたいことが何であるか、考えながら読むようにする。

勉強した日　　月　　日

ステップ1

❶ 次の文章を読んで、あとの問いに答えなさい。

「私《わたし》」は、自分の描《か》いた絵を見てもらいたいと言って訪《たず》ねて来た「君」の絵を取り上げて見た。

私は一眼《ひとめ》見て驚《おどろ》かずにはいられなかった。少しの修練も経てはいないらしい幼稚《ようち》な技巧《ぎこう》ではあったけれども、その中には不思議に力が籠《こも》っていてそれが直《す》ぐ私を襲《おそ》ったからだ。私は画面から眼を放してもう一度君を見直さないではいられなくなった。でそうした。その時、君は不安らしいそのくせ意地張りな眼付きをしてやはり私を見続けていた。

（有島武郎《ありしまたけお》「生まれ出《い》づる悩《なや》み」）

問　――線「私は一眼見て驚かずにはいられなかった。」とありますが、それはなぜですか。

（　　　　　　　　　　）

❷ 次の文章を読んで、あとの問いに答えなさい。

王の乱暴《らんぼう》な行いに怒《いか》ったメロスは、王を殺そうとしてとらえられた。死刑《しけい》になると決まったが、妹に結婚式《けっこんしき》を挙げてやるため、竹馬《ちくば》の友のセリヌンティウスを身代わりにして三日間のゆうよをもらった。式を終えたメロスは刑場に急いだが、さまざまな困難《こんなん》のためにおくれそうになっていた。セリヌンティウスの弟子《でし》のフィロストラトスが後から走ってきた。

「もう、駄目《だめ》でございます。むだでございます。走るのは、やめて下さい。もう、あの方《かた》をお助けになることは出来ません。」

「いや、まだ陽《ひ》は沈《しず》まぬ。」

「ちょうど今、あの方が死刑になるところです。ああ、あなたは遅《おそ》かった。おうらみ申します。ほんの少し、もうちょっとでも、早かったなら！」

「いや、まだ陽は沈まぬ。」メロスは胸《むね》の張《は》り裂《さ》ける思いで、赤く大きい夕陽ばかりを見つめていた。走るより他は無い。

「やめて下さい。走るのは、やめて下さい。いまはご自分のお命が大事です。あの方は、あなたを信じて居《お》りました。刑場に引き出されても、平気でいました。王様が、さんざんあの方をからかっても、メロスは来ます、とだけ答え、強い信念を持ちつづけている様子でございました。」

「それだから、走るのだ。信じられているから走るのだ。間に合う、間に合わぬは問題でないのだ。人の命も問題でないのだ。私は、なんだか、もっと恐《おそ》ろしく大きいものの為《ため》に走っているのだ。ついて来い！　フィロストラトス。」

（太宰《だざい》治《おさむ》「走れメロス」）

問　メロスは、なぜ走っているのですか。それがわかる一文を本文中からぬき出しなさい。

（　　　　）

3　次の文章を読んで、あとの問いに答えなさい。

〔巳之吉《みのきち》はある寒い晩《ばん》、茂作《もさく》老人と渡《わた》し守《もり》の小屋に泊《と》まった。深夜、白い衣《ころも》の女が現れ、茂作を殺し、巳之吉も殺そうとしたが、今夜の出来事をだれにも話さないことを条件に助けた。翌年《よくねん》、巳之吉は「お雪」という美しい女と出会い、結婚《けっこん》した。お雪は男女十人の子どもを産んだ。〕

ある晩子供等《こどもら》が寝《ね》たあとで、お雪は行燈《あんどん》の光で針《はり》仕事をしていた。そして巳之吉は彼女《かのじょ》を見つめながら云《い》った、――

『お前がそうして顔にあかりを受けて、針仕事をしているのを見ると、わしが十八の少年の時遇《あ》った不思議な事が思い出される。わしはその時、今のお前のように綺麗《きれい》なそして色白な人を見た。全く、その女はお前にそっくりだったよ』……

仕事から眼を上げないで、お雪は答えた、――

『その人の話をしてちょうだい。……どこでおあいになったの』

そこで巳之吉は渡し守の小屋で過ごした恐ろしい夜の事を彼女に話した、――そして、にこにこしてささやきながら、自分の上に屈《かが》んだ白い女の事、――それから、茂作老人の物も云わずに死んだ事。そして彼《かれ》は云った、――

『眠《ねむ》っている時にでも起きている時にでも、お前のように綺麗な人を見たのはその時だけだ。もちろんそれは人間じゃなかった。そしてわしはその女が恐ろしかった、――大変恐ろしかった、――がその女は大変白かった。……実際わしが見たのは夢であったかそれとも雪女であったか、分《わか》らないでいる』……

お雪は縫物《ぬいもの》を投《な》げ捨《す》てて立《た》ち上《あが》って巳之吉の坐《すわ》っている処《ところ》で、彼の上に屈んで、彼の顔に向《むか》って叫《さけ》んだ、――

『それは私、私、私でした。……それは雪でした。そしてその時あなたが、その事を一言でも云ったら、私はあなたを殺すと云いました。……そこに眠っている子供等がいなかったら、今すぐあなたを殺すのでした。でも今あなたは子供等を大事に大事になさる方がいい、もし子供等があなたに不平を云うべき理由でもあったら、私はそれ相当にあなたを扱《あつか》うつもりだから』……

（小泉八雲《こいずみやくも》作・田部《たなべ》隆次《りゅうじ》訳《やく》「雪女」）

問　右の物語の主題として最も適切なものを次から選び、記号で答えなさい。

ア　お雪の正体を見ぬくことのできない巳之吉のおろかさ。
イ　何年たっても約束をわすれない雪女のしゅうねん深さ。
ウ　約束を守りとおすことのできない人間の弱さ。
エ　雪女の心をもやわらげる子供たちのかわいさ。

（　　）

ステップ2

勉強した日　月　日

時間	合格点	得点
25分	70点	点

1 次の文章を読んで、あとの問いに答えなさい。

「少年」は転校生だ。前の学校や町を自慢《じまん》しすぎてクラスのみんなを怒《おこ》らせてしまった。真っ先に腹《はら》を立てたのはヨッちゃんだ。ある日、飛んできた小さなこいのぼりを届《とど》けると、出てきたおばさんに部屋へまねき入れられた。タケシという子がいたが、事故で死んでしまったという。話をしている途中《とちゅう》でヨッちゃんが現れ、二人は仕方なくいっしょに遊んだ。部屋を出ると、ヨッちゃんは「少年」が届けたこいのぼりを持っていて、「ついて来い。」と言って自転車に乗った。

河原《かわら》に出た。空も、川も、土手も、遠くの山も、夕焼けに赤く染《そ》まっていた。

ヨッちゃんは土手のサイクリングロードに出ると自転車を停《と》め、少年からこいのぼりを受け取った。

「俺《おれ》ら……友だちなんだって?」

少年は、ごめん、とうつむいた。①おばさんが勝手に勘違《かんちが》いしただけだ、とは言いたくなかった。

「べつにいいけど」

ヨッちゃんはまたさっきのように笑って、手に持った竿《さお》を振《ふ》ってこいのぼりを泳がせた。

「タケシって……すげえいい奴《やつ》だったの。サイコーだった。俺、いまでも親友だから」

「……うん」

「でも……おばさん、もう来るなって。ヨッちゃんは新しい友だちをどんどんつくりなさい、って……そんなのヤだよなあ、関係ないよなあ、俺が友だちつくるのとかつくんないのとか、自分の勝手だよなあ……」

ヨッちゃんは、悔《くや》しそうに竿を振り回す。こいのぼりは身をくねらせ、ばさばさと音をたてて泳ぐ。

「こいのぼり、ベランダからだと、川が見えないんだ。俺らいつも河原で遊んでたから、見せてやろうかな、って」

へへっと笑うヨッちゃんを、少年はじっと見つめた。ヨッちゃんはそのまなざしに気づくと、ちょっと怒った顔になって、「拾ってくれてサンキュー」と言った。

少年は黙《だま》って、首を横に振った。

「あそこの橋渡《わた》って、ぐるーっと回って、向こうの橋を通って帰るから」

向こう岸を指さして言ったヨッちゃんは、行こうぜ、とペダルを踏《ふ》み込《こ》んだ。

ハンドルが揺《ゆ》れる。自転車が道幅《みちはば》いっぱいに蛇行《だこう》する。片《かた》手《て》ハンドルで自転車を漕《こ》ぐのは、あまり得意ではなさそうだ。
少年はヨッちゃんの自転車に並《なら》んで、手を差《さ》し伸《の》べた。「持ってやろうか」と声をかけると、ヨッちゃんは少し間をおいて「悪い」と竿を渡した。「べつにいいよ」と竿を受け取ったあと、ほんとうはもっと別の言葉を言わなきゃいけなかったのかもな、と思った。②でも、そういうのって、いいんだよ、もう、と竿を持った右手を高く掲《かか》げた。
こいのぼりが泳ぐ。金色にふちどられたウロコが、夕陽《ゆうひ》を浴びてきらきらと光る。

（重松《しげまつ》清《きよし》「友だちの友だち」）

(1) ——線①「おばさんが勝手に勘違いしただけだ、とは言いたくなかった。」とありますが、この時、「少年」はヨッちゃんにどんなことを言いたかったのですか。二十五字以上、三十字以内で書きなさい。(40点)

(2) ——線②「でも、そういうのって……掲げた。」とありますが、この時の「少年」の気持ちの説明として最も適切なものを次から選び、記号で答えなさい。(30点)

ア 死後もなおタケシへの友情を持ち続けるヨッちゃんを見て、タケシの存在《そんざい》感の大きさを感じている。
イ ヨッちゃんとたがいに心が通じ合って友だちになれたことが実感され、うれしさをおさえきれずにいる。
ウ ヨッちゃんと友だちになるという夢をかなえてくれたこいのぼりに対して、感謝の気持ちを表している。
エ 言葉によって仲間はずれになったことを悩《なや》んでいたが、言葉がなくても心が通じると知って喜んでいる。

（　　）

（桐蔭学園中―改）

2 **次の文章を読んで、あとの問いに答えなさい。**

僕《ぼく》はそれまで死というものを完全に他者から分離《ぶんり》した独立存在として捉《とら》えていた。つまり「死はいつか確実に我々《われわれ》を捉える。しかし逆に言えば、死が我々を捉えるその日まで、我々は死に捉えられはしないのだ」と。それは僕には至極《しごく》まともで論理《ろんり》的な考え方であるように思えた。生はこちら側にあり、死はあちら側にある。
しかし僕の友だちが死んでしまったあの夜を境として、僕にはもうそのように単純《たんじゅん》に死を捉えることはできなくなった。死は生の対極存在ではない。死は既《すで》に僕の中にあるのだ。そして僕にはそれを忘《わす》れ去《さ》ることなんてできないのだ。何故《なぜ》ならあの十七歳《さい》の五月の夜に僕の友人を捉えた死は、その夜僕をもまた捉えていたのだ。

（村上春樹《むらかみはるき》「蛍《ほたる》」）

問 「僕」は現在、「死」をどのようにとらえていますか。それがわかる連続した二文を探し、初めの五字をぬき出しなさい。(30点)

13 随《ずい》筆《ひつ》を読む(1)

学習のねらい
随筆は、経験や見聞、感想などを気の向くままに書き記した文章のこと。筆者の心情や考えなどが述べられている部分をとらえられるようにする。

勉強した日　月　日

ステップ1

❶ 次の文章を読んで、あとの問いに答えなさい。

江戸《えど》時代には箱根《はこね》の温泉まで行くにしても、第一日は早朝に品川《しながわ》を発《た》って*程ヶ谷《ほどがや》か戸塚《とつか》に泊まる、第二日は小田原《おだわら》に泊まる。［　　］、第三日にはじめて箱根の湯本《ゆもと》に着く。但《ただ》しそれは足の達者な人たちの旅で、病人や女や老人の足の弱い連れでは、第一日が神奈川《かながわ》泊まり、第二日が藤沢《ふじさわ》、第三日が小田原、第四日に至《いた》って初めて箱根に入《はい》り込《こ》むというのであるから、往復だけでも七、八日はかかる。それに滞在《たいざい》の日数を加えると、どうしても半月以上に達するのであるから、金と暇《ひま》とのある人々でなければ、*湯治場めぐりなどは容易に出来るものではなかった。

（岡本綺堂《おかもときどう》「温泉雑記」）

*程ヶ谷＝保土ヶ谷。横浜《よこはま》市中部の地名。元東海道《とうかいどう》の宿駅。
*湯治場＝病気を治すために入る温泉場。

(1) ［　　］にあてはまる言葉を次から選び、記号で答えなさい。

ア しかし　イ あるいは
ウ つまり　エ そうして
（　　）

(2) ——線「それ」は、何を指していますか。
（　　）

❷ 次の文章を読んで、あとの問いに答えなさい。

今から少しだけ前のこと、わたしが中学生だったころ（え？ 少し前ってのはおかしいだろうって？ 気分の問題です。気分）、窓《まど》から外をぼんやりと眺《なが》めるのが好きだった。ぼんやりとだから、特別、何かに視線《しせん》や心を集中しているわけではない。

ぼんやり、ぼんやり、ぼんやり。

定まらない視線と心には風景もぼんやりとしか映《うつ》らない。子どもと呼《よ》ばれる①範疇《はんちゅう》にいる者がぼんやりしていると、大人という名の枠《わく》に入っている者はたいてい、②眉《まゆ》を顰《ひそ》める。

（あさのあつこ「生姜湯《しょうが》のお味は？」）

(1) ——線①「範疇にいる」とほぼ同じ意味で使われている言葉を文章中から探《さが》し、十字以内でぬき出しなさい。

(2) ——線②「眉を顰める」と同じ「眉」が入っている慣用

句に「眉につばをつける」がある。この言葉の意味に合うものを次から選び、記号で答えなさい。

ア だまされないように用心する。
イ 決して信用しないようにする。
ウ 心に深くきざみこむ。
エ 身だしなみを整える。

（　　）

3 次の文章を読んで、あとの問いに答えなさい。

恒例《こうれい》行事の引《ひ》っ越《こ》しで――まったくこの十八年間にいったい何度引っ越しをしたことか――家が混乱《こんらん》していてとても小説が書ける雰囲気《ふんいき》ではないので、八ヶ岳《やつがたけ》のホテルに十日ほどこもって仕事をすることにした。たまにホテルにこもって仕事をするというのは気分転換《きぶんてんかん》にもなるしそれほど嫌《きら》いではないが、都会のホテルではたいていの場合エアコンがききすぎていて、体の調子が悪くなってしまう。だから八ヶ岳まで出かけた。

（村上春樹《むらかみはるき》「村上朝日堂 はいほー！」）

問 筆者がホテルで仕事をすることにしたのは、なぜですか。

（　　）

4 次の文章を読んで、あとの問いに答えなさい。

旅とは何か。その問いに対する答えは無数にあるだろう。だが、私《わたし》には、大槻文彦《おおつきふみひこ》が『大言海』で記した次の定義がもっとも的を射《い》たもののように思われる。

《家ヲ出デテ、遠キニ行キ、途中《とちゅう》ニアルコト》

旅とは途上にあること、と言うのだ。ここから人生は旅に似ている、あるいは旅は人生のようだという認識《にんしき》が生まれてくる。人生もまた「途上にあること」と定義されうるからだ。

トルーマン・カポーティの『ティファニーで朝食を』の主人公ホリーの名刺《めいし》風カードには、「トラヴェリング〈旅行中〉」という文字が刷《す》り込《こ》まれていることになっている。彼女《かのじょ》にとっては、南米の海岸やアフリカのジャングルだけでなく、ニューヨークのマンハッタンに住んでいるときでさえ、「トラヴェリング〈旅行中〉」であることに変わりないのだ。まさに、ホリーは「途上にある者」ということになる。

しかし、旅は同時に、終わりがあるものでもある。始まりがあり、終わりがある。そこに、旅を作る、という要素の入り込む余地が生まれるのだ。

（沢木耕太郎《さわきこうたろう》「旅する力」）

問 筆者は、旅をどのようなものだと考えていますか。本文中から七字と八字で二つぬき出して答えなさい。

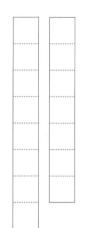

ステップ2

勉強した日　月　日

時間 25分　合格点 70点　得点　点

1 次の文章を読んで、あとの問いに答えなさい。

ぼくが小学校を卒業して中学校（旧制）に入学したのは、昭和十一年のことでした。①昭和十二年に盧溝橋《ろこうきょう》事件というのが起こって、今の呼《よ》び方でいうところの日中戦争が始まりました。

宣戦布告《せんせんふこく》などというものもないうちに、どんどん戦争状態の中に入っていってしまった、その最初の年が昭和十二年です。その頃《ころ》ぼくは、中学校（化学ばかりの工業学校）二年、つまり十三歳《さい》でした。

ぼくは、化学がわりと得意で、高等工業学校、大学と、化学系《けい》の学校に進んでいます。化学というのは、社会の動きとはあまり関係のない学問です。世の中で何が起こっているのかに興味がなくても、化学の勉強には差し支《つか》えがないわけです。

もうひとつ、中学校に入った頃から、②文学に関心が深くなっていきました。詩のようなものを書いたり、小説を読んだりすることが好きだったのです。こちらは趣味《しゅみ》的にやっていました。

文学もまた、当時のぼくにとって世の中とは関わりのないものでした。世の中は戦争に向かって進んでいっていましたが、ぼくはそんな流れとは無関係に、好きな恋愛《れんあい》小説などを読んでいました。詩を書いたり本を読んだりすることは、ぼくにとって、世間と関係のないところに自分の世界をつくることだったのです。

上の学校に進むにつれて、化学に関する仕事で身を立てようと思うようになっていきましたから、十代のぼくにとって化学はいわば〝本業〟でした。そして、文学を一生の趣味にしていこうと思っていました。

つまり、ぼくが当時、いちばん興味があり、一生懸命《いっしょうけんめい》になっていた二つのこと——化学と文学——は、どちらも社会の動きに関係がないものでした。少なくともぼくはそう思っていたのです。

（中略）

高等工業の学生になった頃には、勤労奉仕《きんろうほうし》というものがありました。授業を受けるかわりに、河原《かわら》の石を運んだり田んぼで作業を手伝ったりするのです。

大学に入ってからは、工科系大学でしたので、工場に行って大学の教授がやっている実験を手伝ったり、小さなプラント（物を作るための設備）をつくったりということをやりました。これは徴用《ちょうよう》動員といって、職業をもっている人と同じように給料をもらっていました。

こういうことをしていたのは、もちろん日本が太平洋戦争に入ったからです。

だから実際には社会の動きに関係していたわけですが、勤労奉仕も徴用動員も、やれと言われたことをやるだけですし、田んぼの稲刈《いねか》りとか化学の実験とかをやっているときに、そ③れが時代の流れとか、社会の動きとかにつながっているという実感は*如実《にょじつ》ではないわけです。

（吉本隆明《よしもとたかあき》「13歳は二度あるか」）

＊如実＝事実の通りであること。

(1) ――線①「昭和十二年」とありますが、このときの「ぼく」の説明としてあてはまらないものを次から一つ選び、記号で答えなさい。（20点）

ア 化学が得意だった。　イ 詩や小説に興味があった。
ウ 世の中で何が起こっているのか関心がなかった。
エ なぜ戦争が起きたのかを考え続けていた。

（　　）

(2) ――線②「文学に関心が深くなっていきました」とありますが、筆者は詩を書いたり小説を読んだりすることを、どのようなことだと考えていましたか。あてはまる部分を二十五字以内でぬき出しなさい。（30点）

(3) ――線③「時代の流れとか、社会の動き」とありますが、ここでは具体的に何のことですか。あてはまる言葉を二字でぬき出しなさい。（20点）

（自修館中―改）

2 次の文章を読んで、あとの問いに答えなさい。

初めて、日本でウォーホル*の展覧会《てんらん》があったのがいつだったか正確には覚えていない。私《わたし》は多分ピッタピッタのスーツを着込《きこ》んだ男友達とそれを見に行ったと思う。壁《かべ》一面にキャンベルスープの作品がはりつけられた印象が一番強い。私は感想を口に出して言えなかった。大いに感心し、小難《こむずか》しい理《り》屈《くつ》をつけねばならぬ気がした。しかし心の中は「これって有りなんかァ」「コレってずるいんじゃないかァ」という気持ちが湧《わ》いて来るのである。

あの時、私はキャンベルスープの壁から見捨《みす》てられたような気がした。私はそう遠くない将来《しょうらい》、先端《せんたん》を走る集団から尻《しり》まくって逃《に》げ出《だ》すような予感がした。

（佐野洋子《さのようこ》「あれも嫌《きら》い これも好き」）

＊ウォーホル＝アメリカの画家。一九六〇年代、新しい芸術のにない手として知られた。

問 ――線「私は……予感がした。」とありますが、筆者がこのように感じたのはなぜですか。考えて書きなさい。（30点）

（　　）

14 随《ずい》筆《ひっ》を読む (2)

学習のねらい
随筆では、主題は筆者の考えや思いとして直接書かれることが多い。事実が書かれている部分と考えや感想を述べている部分を区別し、筆者の考えをもとに主題をとらえるようにする。

勉強した日　月　日

ステップ 1

1 次の文章を読んで、あとの問いに答えなさい。

物を大切にする心はいのちをはぐくみそだてる温床《おんしょう》である。それはおのずから、神と偕《とも》にある世界、仏に融《と》け入《い》る境地へみちびく。

先年、四国霊場《しこくれいじょう》を行乞巡拝《＊ぎょうこうじゅんぱい》したとき、私《わたし》はゆくりなくHという老遍路《＊へんろ》さんと道づれになった。（中略）阿波《あわ》——土佐《とさ》——伊予路《いよじ》を辿《たど》りつつあった或《あ》る日、私たちは路傍《ろぼう》の石に腰《こし》かけて休んだ。彼《かれ》も私も煙草入《たばこいれ》を取り出して世間話に連日の疲《ひ》労《ろう》も忘《わす》れていたが、ふと気づくと、彼はやたらにマッチを摺《す》っている。一服一本二本或《あるい》は五本六本である！

——ずいぶんマッチを使いますね。

——ええ、マッチばかり貰《もら》って、たまってしようがない。売ったっていくらにもならないし、こうして減らすんです。

彼の返事を聞いて私は嫌《いや》な気がした。彼の信心がほんものでないことを知り、同行に値《あた》いしないことが解《わか》り、彼に対して厭悪《＊えんお》と憤懣《＊ふんまん》との感情が湧《わ》き立ったけれど、私はそれをぐっと抑《おさ》えつけて黙《だま》っていた。

（種田山頭火《たねださんとうか》「物を大切にする心」）

＊行乞巡拝＝僧《そう》が食を求めながら社寺を回って修行《しゅぎょう》すること。
＊遍路さん＝四国八十八か所の霊場をめぐり歩く人。
＊厭悪＝きらって、にくむこと。
＊憤懣＝はらが立ってがまんできない気持ち。

問　——線「彼の信心がほんものでないことを知り」とありますが、そう考えた背後《はいご》には筆者のどんな考えがあるのですか。それがわかる一文を探《さが》し、初めの五字をぬき出しなさい。

2 次の文章を読んで、あとの問いに答えなさい。

私は一体いつ、「おみそ＊」になったのだったろう。

高校時代に、すでに萌芽《＊ほうが》はあった。私は行動においてあきらかに劣等《れっとう》生だった。何をするにも時間がかかり、のみならずなぜそれをしなければならないのかわからず、結果として、何もできない。でもそれは、そう悪いことではないらしかった。ちょっと歓迎《かんげい》されさえした。何かすると、かえって迷惑《めいわく》をかけることになるからなのだった。そうやって、そこに居ることを許されていた。

私のぼんやりぶりは、友人たちをときに呆《あき》れさせ、ときに笑わせ、ときに苛立《いらだ》たせもしたはずだ。ときに安心させも、したと思う。「おみそ」でいることは、私の性《しょう》に合っていた。それはおそらく、私にとって、周囲となんとか折り合いをつける術《すべ》だった。

以来、いまに到《いた》るまでずっと「おみそ」だ。世界――というのが大袈裟《おおげさ》ならば、社会、もしくは世間と言い換《か》えてもいい――のなかに、私が何とか確保した居場所。

困《こま》ったものだなあ、と思う。思うけれど仕方がない。人にはそれぞれ性質と実力と事情があるのだ。こうなったら「おみそ」の*矜持《きょうじ》を持ち、それを貫《つらぬ》くほかにない。「おみそ」の矜持とは何かといえば、それは「最後まで観察者たること」だと私は思う。ときどき参加させてもらえるとしても、それはほんとうのことじゃない（中略）。「おみそ」はそこにいるのにいない者であり、その本分は、あくまでも世界の観察にあるのだ。

（江國香織《えくにかおり》「やわらかなレタス」）

*おみそ＝仲間はずれ。　*萌芽＝きざし。
*矜持＝自分の能力を信じていだくほこり。

問　――線「観察者」のここでの対義語は何ですか。次の□にあてはまる二字の言葉を文章中からぬき出しなさい。

□者

---

3 次の文章を読んで、あとの問いに答えなさい。

シャーマンが、*壱岐《いき》から引《ひ》っ越して来た日、僕《ぼく》とクニヤンは真っ先に友達になってやるよと、名乗り出たのである。

「仲良くしてな」

シャーマンは僕らに向かって笑顔《えがお》でそういったのだ。そして僕たちは直《す》ぐに仲良くなり、つぎの日から放課後をともに過ごすようになるのである。

今思い出すと、何処《どこ》の学校でも一番最初に仲良くなった奴《やつ》というのは、大抵《たいてい》喧嘩《けんか》友達になるか、反目しあって一番嫌《きら》いな奴になるものだった。中学のときも、高校のときも、そうだった。クラス替《が》えがあった直後に仲良くなった奴というのは、数か月もするとものすごく仲が悪い間柄《あいだがら》になっていた。逆に初めは嫌《いや》な奴だな、と思っていた奴が段々《だんだん》と気が合うことが分かってきて、大の仲良しになるケースも多かった。

僕とシャーマンとクニヤンは、そのパターンとは少し違《ちが》っていたが、一緒《いっしょ》に登校していたのは僅《わず》かに一月ほどで、後は目をあわせると喧嘩をしあう仲だったのである。しかしそれでも、いまだに僕は彼らと喧嘩した日々を薄《うす》れゆく記憶《きおく》の片《かた》隅《すみ》に大切に持っている。

（辻《つじ》仁成《ひとなり》「僕は彼《かれ》らのことを憶《おぼ》えている」）

*壱岐＝長崎《ながさき》県にある島。

問　現在の筆者がシャーマンやクニヤンに対していだいている気持ちがわかる二字の言葉をぬき出しなさい。

□

ステップ2

時間 25分　合格点 70点　得点 点

勉強した日　月　日

1 次の文章を読んで、あとの問いに答えなさい。

考えてみれば、この日本という国は、まことに過保護な社会ではあります。時代が進むにつれて、ますますその傾向《けいこう》は強くなってきました。

先日も新聞記事に、ある町で行われる直前までいっていたソーラー・カーのレースが警察《けいさつ》の要請《ようせい》で中止になった、というニュースが出ていました。ソーラー・カーというのは太陽の光で電池に電力を充電《じゅうでん》し、それをエネルギーとして車を走らせようという、いわば環境《かんきょう》にやさしい新しい乗り物です。

お役所の側の言い分は、最近ではソーラー・カーも性能が向上して、八〇キロちかくスピードが出るようになってきたから、公道でのレースは危険《きけん》である、また、ソーラー・カーのレースが人気を集めるようになってきて、多くの見物客や応援者《おうえんしゃ》たちがふえてくるので安全が保障《ほしょう》できない、というようなことでした。

しかし、これはいかにも平成ニッポンの過保護社会の象徴《しょうちょう》のような気がしないではありません。自動車レースを見るということは、走る側の人間もそうですけれども、観客たちもそれぞれが自分で自分の身を守るという、そういう前提のもとに行われるものなのです。

世界中どこでもラリー競技とか、スピードを競うレースが街々で行われますが、見物客はほとんど規制されることなく、危険とも思えるコーナーに陣取《じんど》って声援《せいえん》を送ります。すれすれのところをレーシング・カーがドリフト*しながら走り抜《ぬ》けてゆく。いつ大事故が発生するかわからない極《きわ》めて危険な風景です。しかし、文明国と言われる国では、いつもそんなふうにレースが行われていて、誰《だれ》もそれを非難《ひなん》したり怪《あや》しんだりはしません。（中略）

危険だから、ということでさまざまな配慮《はいりょ》が網《あみ》の目のようにはりめぐらされているこの国から、自分の身の安全は自分が責任をもって守らなければならない社会へ出ていったときに、私《わたし》たちは戸惑《とまど》ってしまうことがよくあります。いつまでたっても大人になれない日本人、などと時どき話題になったりもしますが、それは、あまりにも制度が安全を守ろうとする国のひとつの欠陥《けっかん》かもしれない、と思ったりもします。

話はそれましたが、健康ということに関しても、あまり神経質に、清潔にこだわりすぎるのは問題じゃないでしょうか。人間はそもそも不潔な存在《そんざい》だ、などと言えば腹《はら》を立てられるかたもいるでしょうし、だからこそ清潔に心くばりをしなければ、とおっしゃるかたもおられるでしょう。

しかし、人間も自然の一部なのです。あまり手を加えすぎると人工的な弱い存在になりかねない。もちろん、これもほどほどですが。

(中略)

一日ぐらい手を洗うことを忘《わす》れたとしても、そんなことはたいしたことじゃありません。ものごとには必ず、いい面と悪い面があって、どちらか一方だけ、というわけにはいかないのです。この世界そのものが光と影《かげ》の両方で成り立っているわけですから。

そんなことを言いながらも、いつの間にかこの清浄《せいじょう》社会のなかで自然な生命力が少しずつ失われてきた自分に、しばしば気づくことがあります。

(五木寛之《いつきひろゆき》「こころ・と・からだ」)

＊ドリフト＝タイヤをすべらせながら走行すること。

(1) ——線「過保護な社会」とありますが、これと対照的な社会とはどんな社会ですか。本文中から三十字以内でぬき出し、初めの五字を書きなさい。(25点)

(2) 本文の内容を次のようにまとめました。①・②にあてはまる言葉をあとから選び、それぞれ記号で答えなさい。(30点)

・①なことの中にも、人間を②させることができる要素は含《ふく》まれているものである。

ア 自然　イ 危険
ウ 衰退《すいたい》　エ 成長

①(　)②(　)

(日本大第一中—改)

---

2 次の文章を読んで、あとの問いに答えなさい。

人間が死ぬる前、与《あた》えられた寿命《じゅみょう》が終《おわ》りに近づいたときは、その人間の分相応＊に完全な相貌《そうぼう》に到達《とうたつ》するのであろうと思う。

完全な相貌といっただけでは何のことかわからぬが、その意味は、要するにその人の顔に与えられた材料をもってしては、これ以上立派《りっぱ》な形は造れないという限界のことをいうのである。

私は時たま自分の顔を鏡に見て、そのあまりにまとまりのないことに愛想《あいそ》が尽《つ》きることがある。私の顔をまずがまんのできる程度に整えるためには私は歯を喰《く》いしばり、眉間《みけん》に皺《しわ》を寄せて、顔中の筋肉《きんにく》を緊張《きんちょう》させてあたかも喧嘩腰《けんかごし》にならねばならぬ。しかし、二六時中＊そんな顔ばかりをして暮《くら》せるものではない。

(伊丹万作《いたみまんさく》「顔の美について」)

＊分相応＝その人の地位や能力などにふさわしいこと。
＊二六時中＝一日中。

(1) ——線「完全な相貌」とは、どのようなことですか。本文中から四十五字以内でぬき出し、初めの五字を書きなさい。(20点)

(2) 筆者は、人はどんなときに「完全な相貌」に到達すると言っていますか。本文中から七字の言葉をぬき出して答えなさい。(25点)

ステップ3

勉強した日　月　日

時間	合格点	得点
45分	70点	点

❶ 次の文章を読んで、あとの問いに答えなさい。

球拾いと声を出すだけで毎日が過ぎていく。スパイクすら履《は》かせてもらえない。球拾いしたボールを返すときに足で蹴《け》ると「横着なことするな！」と怒鳴《どな》られる。先輩《せんぱい》たちの機嫌《きげん》が悪いときには、①そのままウサギを命じられる。ボールを蹴ってはならないサッカー部員——。冗談《じょうだん》みたいだ。悪夢と言い換《か》えてもいいだろう、この際。

明日こそは退部しようと、毎日のように練習帰りに思う。思うだけでなく、退部届《とどけ》を書くために便箋《びんせん》を広げた夜もあるし、ウサギ仲間と昼休みに廊下《ろうか》に集まって、「今日、みんなで一緒《いっしょ》にやめようか」と相談したこともある。

それでも、放課後になると、オレはしょぼくれた顔で服を着替《きが》えた。退部届を瀬沼《せぬま》先生に提出したウサギ仲間に「ワシも、そのうち出すけん」と言い訳《わけ》をつづけた。慣れない万年筆で書く退部届はいつも途中《とちゅう》で書き損じてしまい、便箋をくしゃくしゃに丸めながら「もう眠《ねむ》いけん、寝《ね》よう」とわざと声に出してベッドに潜《もぐ》り込《こ》む……。

岡本《おかもと》は、サッカー部を退部した翌日《よくじつ》にテニス部に入り直した。テニス部では、一年生も自分のラケットを持っていた。さすがにコートに立つことはできないが、壁《かべ》打ち程度はやらせてもらえるらしい。

「ヒロシ、テニス部に来いや。おまえ、サッカー部いうてもサッカーやらせてもろうとらんやろ。あれじゃあ球拾い部かウサギ跳《と》び部じゃ。先輩も優《やさ》しいし、絶対にテニスのほうがええって」

岡本はオレの顔を見るたびに言う。

オレは「テニスは好かん」とだけ応《こた》え、②誘《さそ》いがしつこいときにはそっぽを向いた。

岡本はよく、ウサギになったオレたちをテニスコートのフェンス越《ご》しに見ている。目が合うと同情するように笑いかけてくるときもあるし、「がんばれよ」の形に口が動くこともある。そんなときもオレは気づかないふりをする。

③小学生の頃《ころ》は親友だと思っていた岡本のことを、オレは少し嫌《きら》いになっていた。

それにしても、オレはなぜサッカー部からケツをまくらなかったのだろう。自分でも不思議だったし、いまでも理由をうまく説明できない。

サッカーが好きだったから？

たぶん、違《ちが》う。

根性《こんじょう》があった？

まさか。

先回りして話しておくが、三年後、高校一年生のオレはサッカー部からわずか三日で逃げ出しているのだ。高校のサッカー部にはウサギの「伝統」なんてなかったし、入部した時点でフォワードのレギュラーポジションも約束されていたのに、オレはあっさりとケツをまくった。退部の理由は、日曜や祭日にも練習があるということ。だが、それは、中学校の頃だって同じだったのだ……。

④十三歳《さい》の頃には当たり前だったものが、十六歳になると我《が》慢《まん》できなくなる。

根性というやつは、女の子の身長の伸《の》びと同じで、十三歳あたりがピークなのかもしれない。

三年生は、気まぐれにオレたちをウサギにした。練習前に誰《だれ》かが「おう、暇《ひま》じゃけんウサギじゃ」と言い、練習中に「声が出とらんど！」と別の誰かがグラウンドの隅《すみ》にボールを蹴り出し、練習が終わるとさらに別の誰かが「一年をウサギにした次の日は小テストの点がええんよ」とにやにや笑いながらオレたちを手招く……。

そんなふうに毎日が過ぎていく。逆らえない。オレたちはただ、黙々《もくもく》とウサギをつづけるしかない。

（重松《しげまつ》清《きよし》「ウサギの日々」）

(1) ——線①「そのままウサギを命じられる」とありますが、「ウサギ」は何をたとえた表現ですか。次の文中の[①][②]にあてはまる五字と三字の言葉を、本文中から探《さが》して書きなさい。（20点）

・[①]ばかりさせられる[②]のサッカー部員。

①［　　　　　］

②［　　　］

(2) ——線②「誘いがしつこいときにはそっぽを向いた」とありますが、「オレ」はなぜそうしたのですか。最も適切なものを次から選び、記号で答えなさい。（10点）

ア　サッカー部を辞《や》める気がないから。

イ　テニスは自分の性分に合ってないから。

ウ　岡本のことが気にいらないから。

エ　軽い感じがするテニスに興味がないから。

（　　）

(3) ——線③「小学校の頃は……嫌いになっていた。」とありますが、それはなぜですか。最も適切なものを次から選び、記号で答えなさい。（15点）

ア　いち早くサッカー部を抜《ぬ》け出した岡本の言葉や存在《そんざい》がわずらわしくなってきたから。

イ　自分が嫌いなテニス部への勧誘《かんゆう》を、岡本がしきりにしてきてしつこかったから。

ウ　いつも要領よく立ち回る岡本はずるい人間だと考えるようになったから。

エ 今はテニス部にいる岡本のことを別世界の人間のように感じるようになったから。

(4) ——線④「十三歳《さい》の頃《ころ》には……我慢《がまん》できなくなる。」ものとは何ですか。本文中から二十字以内で探《さが》し、初めの五字をぬき出しなさい。(10点)

(　　)

(東海大付属浦安中—改)

2 次の文章を読んで、あとの問いに答えなさい。

松江《まつえ》を訪《たず》ねたとき、めずらしい郷土《きょうど》史の本でもさがしてみよう、とおもって一軒《けん》の古本屋に足をはこんだ。(中略)ゆっくりと本棚《ほんだな》を眺《なが》めていたら奥《おく》のほうから声がかかった。寒いですね、お茶をいれましたから、どうぞ。メガネをかけた小《こ》柄《がら》な店主である。それはどうも、とわたしは答えて、すすめられるままにカマチ*の座布団《ざぶとん》に腰《こし》をおろした。どちらから? といったあいさつやら雑談やらをかわしながら、このご主人は手なれた動作で急須《きゅうす》からちいさな湯呑《ゆの》みにお茶をいれてくださった。お湯加減が微妙《びみょう》で、まことにみごとなお茶だった。よかったら、といって添《そ》えられたお茶菓子《がし》もおいしかった。

松江というところは越前松平家《えちぜんまつだいら》七代目の松平不昧《ふまい》公が茶人として名高く、ひろく庶民《しょみん》のあいだにも茶道が普及《ふきゅう》したところ。茶道といっても抹茶《まっちゃ》ではなく煎茶《せんちゃ》だから作法《さほう》もそんなにめんどうではない。だから、いまでも日常的にお茶をたしなむ習慣がある、ということはかねてからきいていたが、こうして初対面の古本屋のご主人から煎茶のお手前《てまえ》を拝見《はいけん》して、なるほどこういうものか、と思い知った。これこそ松江ならではのもてなし、というものだろう、と実感した。

これも数年まえのこと。おはなしかわって、こんどはオペラである。ヴェルディの「ナブッコ」が日本で上演された。演出はイタリア・ペルージャ生まれのアントネッロ＝マダウ・ディアツ、指揮《しき》はローマ歌劇場《かげきじょう》ほか世界各地で名声の高いパオロ・オルミ。このコンビによるオペラだったから、じつによかった。とりわけカーテン・コール*のあとの演出が忘《わす》れがたい印象をのこした。拍手《はくしゅ》が鳴《な》り止《や》まぬ一瞬《いっしゅん》をとらえてオルミは、突如舞台《とつじょぶたい》の上手《かみて》に静かに腰をおろし、オーケストラに後ろを向かせてゆるやかに指揮棒《ぼう》を振《ふ》りはじめたのである。そこで流れてきたのはこのオペラの第三幕《まく》第二場「ユーフラテスの河畔《かはん》」の「わが想《おも》いよ、黄金の翼《つばさ》に乗って」というあの有名な合唱曲。映画《えいが》「ゴッドファーザー」をみたひとなら、さいしょの場面でシチリアの荒涼《こうりょう》たる荒《あ》れ地《ち》をゆく葬列《そうれつ》できこえてくるあの旋律《せんりつ》である。イタリアの「第二国歌」とさえいわれるほどの名曲だ。

それを生粋《きっすい》のイタリア人コンビが上演したのだから、オペラそれじたいもさることながら、このカーテン・コールは心《こころ》憎《にく》いほどの演出だった。あの場面をわたしは一生忘れることができないだろう。まさしく、これは本場イタリアのオペラならではの名舞台であった。以上、ふたつの経験談でわたしは「ならでは」という表現に傍点《ぼうてん》をつけた。この語法はこういうときに使用するものだ、という実例をしめすためである。特定のできごと、行為《こうい》、ことば、など「ヨソでは経験できない」「さすが」「ここにしかない」「だれもマネできない」「特有、独自の」……といった唯一無二《ゆいいつむに》の貴重《きちょう》な体験や見聞を叙《じょ》述《じゅつ》するときに「ならでは」という語彙《ごい》をつかう。

　このことば、文法的には形容詞《し》でも接続詞でもない。「連語」の一種だが、それでは「連語」とはなにか、ということになると専門《せんもん》家のあいだでも意見は一致《いっち》していない。慣用句のひとつ、という見解もある。いずれにせよ「ならでは」ということばをつかうことで、ことがらが強調されるのである。たとえば「京都《きょうと》ならではの風情《ふぜい》」「名人ならではの鮮《あざ》やかな手さばき」「地中海《ちちゅうかい》ならではの陽光」……といったふうに。いずれのばあいをとってみても、「ならでは」というのは事物や人物、そして挙措動作《きょそどうさ》などについてのホメことばである。それが「ならでは」の語法というものなのだ。めったにお目にかかれないときにだけ発することばだから、やたらにつかわないほうがいい。

　ところが、このところメディアの日本語は「ならでは」の乱発《らんぱつ》である。「産地ならではの食材で、この店ならではの料理をこの季節ならではの気分で堪能《たんのう》する……」式の文章やアナウンスがメディアに氾濫《はんらん》している。さきほどからのべているように、「ならでは」というのはめったにない経験をとりあげたときにつかう貴重なことばなのだから、こんなに頻繁《ひんぱん》に使用されると有難味《ありがたみ》がなくなってしまう。

（加藤秀俊《かとうひでとし》「常識人の作法」）

＊カマチ＝玄関《げんかん》の上がり口に取り付けた化粧《けしょう》横木。
＊カーテン・コール＝音楽会などの終演後、観客が拍手で出演者を呼《よ》びもどすこと。

(1) ══線「心憎い」の意味として最も適切なものを次から選び、記号で答えなさい。（10点）

ア　心からにくいと感じる。
イ　しゃくにさわるほどすぐれている。
ウ　心の底ではにくんではいない。
エ　やりすぎでいやになってしまう。

（　　）

(2) ——線「『ならでは』という表現」とありますが、この表現を使うとどんな効果がありますか。本文中から十字の言葉をぬき出して答えなさい。（15点）

(3) 「ならでは」についての筆者の考えを次のようにまとめました。①・②にあてはまる六字と三字の言葉を、それぞれ本文中からぬき出しなさい。（20点）

・「ならでは」は①経験を取り上げたときに使う言葉だから、あまり頻繁に使用されると②がなくなる。

①

②

15 説明文・論説《ろんせつ》文を読む(1)

学習のねらい

説明文は、ある事柄《ことがら》についての事実を説明した文章、論説文は、ある事柄について筆者の主張を論理的に述べた文章である。事実を正確におさえ、読むようにする。

勉強した日　月　日

ステップ1

1 次の文章を読んで、あとの問いに答えなさい。

本人にとってはどんなに興味深い、重大な意味をもつものであっても、他人の見た夢の話を聞くことは、たいていの場合、退屈《たいくつ》なものだ。それと同じように、他人の哲学《てつがく》を理解することは、しばしば退屈な仕事である。□、どんなによく理解できたところで、しょせんは何かまとはずれな感じが残る。ほんとうのことを言ってしまえば、他人の哲学なんて、たいていの場合、つまらないのがあたりまえなのだ。おもしろいと思うひとは、有名な哲学者の中に、たまたま自分によく似たひとがいただけのことだ、と思ったほうがいい。

（永井《ながい》均《ひとし》「〈子ども〉のための哲学」）

(1) ——線「それ」は、何を指していますか。

（　　　　）

(2) □にあてはまる言葉を次から選び、記号で答えなさい。

ア そして　イ ところが
ウ それとも　エ ところで

（　　）

2 次の文章を読んで、あとの問いに答えなさい。

われわれは何を実在と考えるか。この答えは非常に簡単《かんたん》だと思います。われわれは普通《ふつう》、ものは実在すると思っている。なぜかというと、われわれはいつもものを見て触《ふ》れている。見えているものがあれば、さわることができるし、さわった感触《かんしょく》があって重みもある。そのとき脳《のう》で絶えず活動が起こる。こういう活動がわれわれに実在するという現実感を与《あた》えるのです。

このような現実感は、先にも述べたように人によって全然違《ちが》うものになり得ます。その典型が神の存在《そんざい》です。神について滅多《めった》に考えない人は、当然、神の実在感を持っていません。□神信心《かみしんじん》の非常に強い人は年中神について考えていて、頭の中に実在感があります。

（養老孟司《ようろうたけし》「まともバカ」）

(1) ——線「その」は、何を指していますか。「〜ことの典型。」に続く形で答えなさい。

（　　　　）ことの典型。

(2) □にあてはまる言葉を次から選び、記号で答えなさい。

ア それで　イ しかし
ウ さらに　エ あるいは

（　　）

3 次の文章を読んで、あとの問いに答えなさい。

地球最初の生物はおそらく熱水噴出孔《ふんしゅつこう》（海底火山の周り）で出来たのではないかと述べた。生命の必須《ひっす》要素であるタンパク質がアミノ酸の重合《じゅうごう》によって出来るような場所として熱水噴出孔が適していたのではないかと考えられるからだ。

また、初期の地球は、飛来してくる宇宙《うちゅう》線（高エネルギーの放射《ほうしゃ》線）が非常に強く、それを遮《さえぎ》るバリアがなかった。そういう環境《かんきょう》で生物が発生して生存していくのは相当に困難《こんなん》だったのではないかと考えると、宇宙線があまり入って来ず、RNA（リボ核酸《かくさん》）やDNA（デオキシリボ核酸）が壊《こわ》されにくい環境のほうがいいはずである。その点でもやはり深海の熱水噴出孔の辺りは都合がいい。

（池田清彦《いけだきよひこ》「38億年 生物進化の旅」）

問 地球最初の生物が、深海の熱水噴出孔の辺りでできたと考えられる理由を、二つ書きなさい。

（　　　　）

（　　　　）

4 次の文章を読んで、あとの問いに答えなさい。

野鳥を観察していると、休止している鳥が、片目《かため》をつむって眠《ねむ》っているのを見かけることがある。片方の目で眠り、片方の目で周囲を警戒《けいかい》しているらしい。

以前、千葉《ちば》県市川《いちかわ》市の江戸川《えどがわ》河口付近で、連日セイタカシギ*を観察したことがある。越冬《えっとう》中に、結氷していて採餌《さいじ》ができないときなど、朝から午後一～二時ごろまで、長時間にわたってアシ原の陽《ひ》だまりで休止することがある。片足を腹部《ふくぶ》の羽毛の中に入れ、もう一方の足で立ったまま片目を閉《と》じる（鳥の瞼《まぶた》は、人と違って上瞼が下がって閉じるのではなく、下瞼が上がって閉じる）。カモメも同様に、片目をつむって眠る。左右の目を交互《こうご》に閉じるということは、左右の脳を交互に休息させていると考えられる。（中略）

肺呼吸《はいこきゅう》をする水中生活者のバンドウイルカも、片目を閉じて泳ぐという。この場合も、脳波の測定により、左右の脳を交互に休息させることが確認《かくにん》されている。肺呼吸をするイルカが、水中で完全に眠ってしまえば、溺《おぼ》れる危険《きけん》がある。しかし、バンドウイルカ方式であれば、片方の脳を休息させながら、水中を泳ぎ続けることができる。

（唐沢孝一《からさわこういち》「ネオン街に眠る鳥たち」）

*セイタカシギ＝非常に長い足が特徴《とくちょう》の水鳥。

問 バンドウイルカが、左右の脳を交互に休息させるのはなぜですか。

（　　　　）

ステップ 2

勉強した日　月　日

時間	合格点	得点
25分	70点	点

1 次の文章を読んで、あとの問いに答えなさい。

英文学者時代の講義をまとめた『文学論《ろん》』で、漱石《そうせき》は興味深いことを言っている。科学は因果関係のはじめから終わりまですべてを隙間《すきま》なく語れなければならないが、①文学はそうではないというのだ。では、文学言語は何に答えるのか。文学言語は「Why」（なぜ？）という疑問《ぎもん》に答えなければならない、と漱石は考えたようだ。何か起きたとき、「なぜ？」と問うたとしよう。つまり、「原因は何か？」と問うたとしよう。そのとき、答えは一つに決められるのだろうか。

*黒崎宏《くろさきひろし》が面白《おもしろ》いことを言っている。地震《じしん》で家が倒壊《とうかい》した。ところが、その原因は一つには決められないと言うのだ。家が倒壊した原因は「地震のため」と答えることもできるし、「家の造りが弱かったから」と答えることもできるし、あるいは「地球に重力があったから」と答えることさえできるはずなのだ。すなわち「『原因』として何を挙げるかは、**客観的**に決まっている訳《わけ》ではない、という事を物語っている。『原因』として何を挙げるかは、基本的には、それに係わる**人間の問題意識**に依存《いそん》するのである」（『ウィトゲンシュタインから道《どう》元《げん》へ』哲学書房、二〇〇三・三、ゴチック体原文）。

漱石は、何を「原因」として挙げるかは「好み」の問題だと考えた。それを真っ当な「原因」だと判断するかどうかは、まさに読者の側の問題なのだ。漱石は「所謂《いわゆる》文芸上の真は時と共に推移《すいい》するものなるを忘《わす》るべからず」とも言っている。この「真」はいまなら「リアリティー」（ほんとうらしさ）と言い換《か》えることができるから、「リアリティー」を支える読者の「好み」は時代によって違《ちが》うものだと言っていることになる。小説ならば、そこに挙げられた「原因」がリアリティーを持つか否《いな》かは、その時代の読者の「好み」に委ねられるのである。

文学は科学のように隙間なく「事実」を説明する学問ではなく、むしろ隙間を読者の「好み」によって埋《う》める娯楽《ごらく》なのである。それが、文学に対する読者の仕事である。文学は読者が自らの仕事を果たすことによって文学たり得ていると言える。だから、文学は多義的であってかまわないし、断片《だんぺん》的であってもかまわないのだ。いや、そうあるべきなのだ。それを縫《ぬ》い合《あ》わせ、一つの「物語」に織《お》り上げるのが読者の仕事なのだから。これが、漱石の考える文学の自由である。そして、これが漱石がイメージする文学である。

小説の言葉はもともと断片的で隙間だらけのものだということだ。小説の言葉が世の中のことを余すところなく書くことができるのなら、どんな読者でもみな同じようにしか読めないことになってしまう。しかし、もともと小説の言葉にはそういうことはできはしないのだ。いや、言葉にそれができないことは第一章で確認《かくにん》した通りである。

夏目漱石は「ある人の一日を知るには、一日分の活字を読まなければならない」という意味のことを言っているが、もちろんこれは言葉の綾《あや》であって、実際には一日中活字を読んでもある人の一日を十分に理解できるわけではない。逆に、場合によっては「今日一日なにもなかった」という味も素っ気もない一文だけで、十分にその人の一日を伝えることもできるだろう。ここでは、言葉の隙間こそが重要な働きをしていると言える。②小説の言葉とは不思議なものなのだ。

（石原千秋《いしはらちあき》「未来形の読書術」）

＊黒崎　宏＝哲学《てつがく》者。ウィトゲンシュタイン（哲学者）の研究者。

(1) ══線「言葉の綾」のここでの意味を次のように説明しました。[①]・[②]にあてはまる二字の言葉を、それぞれ本文中から探《さが》して書きなさい。（20点）

・その場における微妙な[①]合いを表す巧《たく》みな[②]の言い回し。

①［　　］　②［　　］

(2) ――線①「文学はそうではない」とありますが、ではどうだというのですか。それを説明している一文を探し、初めの五字をぬき出しなさい。（20点）

［　　　　　］

(3) ――線②「小説の言葉とは不思議なものなのだ。」とありますが、このように筆者が考える理由を説明したものとして最も適切なものを次から選び、記号で答えなさい。（30点）

ア 一つの表現でさまざまな意味を伝えられる言葉の性格があり、どの意味を選ぶかは読み手に任されるから。

イ 言葉で伝えたいことは、伝えようと強く思うことで、そう思わない場合より伝わりやすくなるものだから。

ウ 言葉を尽《つ》くしても伝わらないことが、尽くさないことでかえって伝わってしまうこともあるから。

エ 伝え切ることができない言葉の弱点こそ、読み手の自由な解釈《かいしゃく》のきっかけとなるから。

（　　）

（神奈川大附中―改）

2 **次の文章を読んで、あとの問いに答えなさい。**

競争に話を戻《もど》しましょう。ここでの競争は、個体をみつめる視点《してん》では、自らの子孫を残すためのものなのですが、種をみつめる視点では、適応のために行《おこ》なわれていることになります。［　　］、適応を成しとげ進化する主体は種であって個体ではないからです。

（江崎保男《えざきやすお》「自然を捉えなおす」）

問 ［　　］にあてはまる言葉を次から選び、記号で答えなさい。（30点）

ア または　　イ あるいは

ウ なぜなら　　エ さて

（　　）

16 説明文・論説文を読む(2)

論説《ろんせつ》

学習のねらい

論説文では、筆者の主張をとらえるため、事実と筆者の意見を区別してとらえたり、言いかえや対比を用いた説明に注意したりするようにする。

勉強した日　月　日

ステップ1

1 次の文章を読んで、あとの問いに答えなさい。

ムカデは肉食性で、大きなあごと毒液をもっている。虫などがムカデの体に触《ふ》れると、振《ふ》り向きざまに噛《か》みつき、毒液を注入して虫を麻痺《まひ》させて食べる。われわれもうっかりムカデに触《さわ》ったりすると、噛みつかれて赤く腫《は》れるが、ムカデは人をねらっているわけではない。何かに触ったから振り向いて噛みついただけである。

ヤスデは、ムカデとは正反対だ。ヤスデは草食性で、腐《くさ》った落ち葉などを食べている。あごも小さく、毒液ももたず、噛みつくこともない。危険《きけん》を感じたら、やわらかい腹《はら》を内側にして、くるっと丸くなるだけという平和主義者である。そんな平和主義でやっていけるのは、じつはヤスデがその皮膚《ひふ》に毒（青酸カリの青酸）をもっているからである。だから、鳥も蟻《あり》もヤスデを襲《おそ》うことはない。

（日高《ひだか》 敏隆《としたか》「ネコはどうしてわがままか」）

問 ――線「ヤスデは、ムカデとは正反対だ。」とありますが、次のムカデの特徴《とくちょう》に対するヤスデの特徴を、それぞれ書きなさい。

・ムカデ…①肉食性・②大きなあごと毒液をもつ。

・ヤスデ…①（　　　　）・②（　　　　）。

2 次の文章を読んで、あとの問いに答えなさい。

明治以降《いこう》は、徐々《じょじょ》に市民の家にも床《とこ》の間《ま》がしつらえられるようになるが、それでも一般住宅《いっぱんじゅうたく》のどれもが、＊役物《やくもの》を好んだ家づくりがされたわけではなかった。

では、なぜ外材時代に役物が売れたのだろうか。そこには、当時の日本人の木材に対する複雑な思いが関わっているように思う。

当時は、戦後の復興が一段落《いちだんらく》し、ようやく生活が安定してきたところである。やがて経済《けいざい》成長が始まった。そこで持ち家指向が高まっていた。戦前は都市部の住民は賃貸《ちんたい》住宅、いわゆる長屋などに住んでいる人も多かったのだが、一国一城の主《あるじ》として、自分の家を求める傾向《けいこう》が増えていた。そして、自分の家は国産材で建てたいという願望があった。

（田中《たなか》淳夫《あつお》「森林異変 日本の林業に未来はあるか」）

＊役物＝建築材料で、特定の用途《ようと》で使われる見映えのよい高価な材料。

問 ――線部を言いかえた言葉を、次の段落からぬき出しなさい。

（　　　　）

3 次の文章を読んで、あとの問いに答えなさい。

素晴《すば》らしいものに出会った時、未知の体験をした時、人間の脳《のう》は感動を覚える。それは本能的に持っているものです。しかしそれを強化していくのは、社会の価値《かち》観や環境《かんきょう》といったものです。非常に極端《きょくたん》な話ですが、もしも感動することが悪だという考え方の社会が存在《そんざい》したとしたら、おそらく無感動で意欲《いよく》のない人間が多く現《あら》われるでしょう。一方で感動を積極的に促《うなが》す社会ならば、人々はイキイキとした人生を送ることができるものです。

たとえば何かに感動した時に、周りの人たちがそれは素晴らしいことだと後押《あとお》ししてくれるか、あるいはそんなものはくだらないと拒否《きょひ》されるか、その反応次第《しだい》で脳の働きは全く変わってくるということです。人間は社会的動物ですから、やはり周囲に受け入れられたいという欲求があります。いくら自分が感動したとしても、周りの人が理解してくれなかったり、あるいはその感動を否定されたとしたら、どんどんそれは薄《うす》れていくでしょう。

（茂木健一郎《もぎけんいちろう》「感動する脳」）

問　——線「それを……ものです」とありますが、この部分を言いかえ、わかりやすく説明している連続した二文を後半の段落から探《さが》し、初めと終わりの五字をぬき出しなさい。（句読点も数えます。）

□□□□□〜□□□□□

4 次の文章を読んで、あとの問いに答えなさい。

訓読みの発想は、漢字が意味を表す表意文字だからこそできるものです。漢字一字において意味が当てはまる場合もありますが、これが語の単位になる場合もあります。熟字訓《じゅくじくん》と呼《よ》びますが、まとまった熟語に意味を当てはめて、独特の読み方をするものもあります。例えば、「小豆《あずき》」「玄人《くろうと》」「太刀《たち》」などです。これらは常用漢字表の付表にも載《の》っていますが、あくまで特別なものであり、覚えなければなりません。

ちなみに、現在、歌詞《かし》などで使われる宛《あ》て字《じ》は、考えようによっては新たな訓読みの試みと言えるものです。「女」を「ひと」と読ませたり、「宿命」を「さだめ」と読ませたりするような例をよく目にします。公的に認《みと》められた使い方とは言えないでしょうが、それでも、漢字が意味を表すということをふまえている点でも、ふりがなというものをうまく利用している点でも、漢字とのつきあい方の可能性の広がりを感じさせてくれるものです。

（森山卓郎《もりやまたくろう》「日本語の〈書き〉方」）

問　——線「歌詞などで使われる宛て字」を「漢字とのつきあい方の可能性の広がりを感じさせてくれるもの」とするのは筆者の考えですが、それはどのような事実から導き出される考えですか。二点書きなさい。

ステップ2

1 次の文章を読んで、あとの問いに答えなさい。

私《わたし》は、里山*は日本の森の文化の中心にあるものではないかと考える。それはかつては薪炭林《しんたんりん》や採草地、山菜採りの場所として利用されてきた森だけれども、里山は人間が利用することによって生まれた森でもあり、自然の森でもあった。このような森をつくりだすことによって、日本の山里は、村人の暮《く》らす里からその周囲に展開《てんかい》する里山へ、さらにその奥の深い奥山へとつづいていく、森の文化を築きあげたのではなかっただろうか。(中略)

ところで、これまでしばしば、ヨーロッパは石の文化、日本は木の文化といわれてきた。(中略)

ところが不思議なことに、一般《いっぱん》に日本で木の文化といわれるものは、木を加工してたくみに様々なものを生みだす技術、その意味で木と木材の文化を指していて、それが森の文化と結びついて語られることは、ほとんどないのである。あるいは森や山について語られるときは、そこは様々な霊《れい》が降《お》り宿《やど》る場所としてとらえられていた、というように説明されていて、木の文化とは結びついてこないのである。

確かに古代から日本では、森や山は人知を超《こ》えた世界であった。そのことは奥山を近寄りがたき所とも感じさせ、文明に穢《けが》れた人間が純粋《じゅんすい》な精神と霊をとりもどす修業《しゅぎょう》の場としてもとらえられた。その結果自然と人間の一体化は、日本では文明や文明のなかに暮らす自分に対する否定《ひてい》的な意志を媒《ばい》介《かい》にしてしか、到達《とうたつ》できないものであった。それは、文明がつくりだした〈意味の世界〉が、本質的に無意味なものでしかないことを感じとることによって、日本の仏教思想が自然と人間の差異《さい》を否定することができたように、今日の人間たちが、近代文明への批判《ひはん》の意志をこめて、再び自然と人間の共生を語っているように、である。

しかし自然の時空と人間の時空を対比させ、その関係を論《ろん》じるだけでは、木の文化と結ばれるような森の文化は生まれてこない。なぜなら前者では、木を利用する技術の文化が語られているのに、後者は信仰《しんこう》的な森と人間の関係になっていて、森を利用した文化が消えてしまっているからである。

おそらく、森を自らの生活のなかで利用することのなかった、古代の都の人々にとっては、森や山は霊的なものであったのであろう。しかしその頃《ころ》でも、農山村に暮らす里人は、利用できる森をつくりあげることによって、森と里を単純《たんじゅん》な対比のなかに位置づけてはいなかったはずなのである。その里人の自然と人間の関係への感覚を、もっとも象徴《しょうちょう》的に表現しているものが、里山の存在《そんざい》なのではないだろうか。村人は里山をつくりだすことによって、里から里山へ、奥山へと連続していく、森を利用する文化をつくりあげていた。

しかも江戸《えど》時代に入ると、人々は一種の里山を人工的につくりだす努力もしている。関東台地の平地林は、里山的利用を目的にした人工林であったし、海岸近くにも海から吹《ふ》く風や砂《すな》を防ぐための森が、暮らしを守る森としてつくられている。

日々暮らしのなかで利用する里山や、暮らしを守る森をつくりだすことによって、私たちの祖先は、森にかよう道をつくりだした。その森にかよう道とともに森の文化がつくられたことをみるとき、はじめて日本の木の文化は森の文化と結びつくのである。

（内山《うちやま》節《たかし》「森にかよう道」）

＊里山＝人里に近い山。

(1) ——線「それ（＝木と木材の文化）が森の文化と結びついて語られることは、ほとんどない」とありますが、これを別の言葉で言いかえた部分を次の段落以降《だんらくいこう》から探《さが》し、二十字以内でぬき出しなさい。（30点）

(2) 筆者の主張がまとめられている段落を探し、初めの五字をぬき出しなさい。（30点）

2 次の文章を読んで、あとの問いに答えなさい。

ここでとりあげる問題は、家族とは何かということです。われわれはすべて家族の一員なので、人間社会における家族の存在について疑《うたが》う人はないでしょう。では、動物界ではどうか。（中略）

哺乳《ほにゅう》類の種はそれぞれ独自の社会をつくっています。社会型を見ると、一見いかにも〝家族〟といっていいような集団をつくっています。しかし、その内容を詳《くわ》しく検討《けんとう》してみますと、人間社会における家族集団とはかなり異《こと》なったものです。サル類社会もその例外ではありません。サル類にも家族といえる社会的単位の存在を見いだすことができないのです。

このような事実から、家族という社会集団はヒトに特有のものだといわざるをえません。そのことはヒト化という観点からいえば、家族という社会型を生みだした高等猿《えん》類をヒトと呼《よ》ぶ、という結論が導き出されます。

（河合雅雄《かわいまさを》「サルからヒトへの物語」）

問 ——線「このような事実」は、何を指していますか。二つの事実を書きなさい。（20点×2—40点）

17 説明文・論説《ろんせつ》文を読む(3)

学習のねらい

論説文の読み取りでは、段落《だんらく》構成をとらえて、筆者の結論が書かれた段落をつかむ必要がある。各段落の要点をきちんととらえながら読むようにする。

勉強した日　月　日

ステップ1

① 次の文章を読んで、あとの問いに答えなさい。

ほかの地域《ちいき》のチンパンジーたちも、その群れに固有な道具を作り、使っています。野生チンパンジーの道具使用として最も有名なものは、ゴンベ*のシロアリ釣《つ》りでしょう。ジェーン・グドールさんが、一九六〇年、いまから四二年前に発見したものです。草の茎《くき》とか蔓《つる》とかいったものをシロアリの塚《つか》に差《さ》し込《こ》んで、驚《おどろ》いてかみついてきたシロアリを引きずり出して食べます。

西田利貞《にしだとしさだ》さんや上原重男《うえはらしげお》さんたちが調査しているマハレ*でいえば、樹上《じゅじょう》性のアリを釣る道具が知られています。これは先ほどのサファリアリのように地面ではありません。木の中に巣くっているアリです。それを、細い棒《ぼう》を使って引きずり出してなめ取ります。

おもしろいことに、シロアリ釣りというのはゴンベで見られますが、マハレでは見られません。ボッソウ*でもほとんど見られません。それから樹上性のアリ釣りというのも、マハレで報告されていますが、ボッソウにはありません。

逆に、石器使用は、ボッソウで認《みと》められていますが、ゴンベやマハレにはありません。アブラヤシの種もあるし、もちろん石もあるのですが、その石を道具に使って種を叩《たた》き割《わ》って中の核《かく》を取り出して食べたりしないのです。

野生チンパンジーにはそれぞれのコミュニティーに固有な道具使用のレパートリーがある、ということが見つかってきました。最新の研究例でいうと、この五大調査地を含《ふく》めた一四の地域で、五七種類の多様な道具使用が報告されています。

（松沢哲郎《まつざわてつろう》「進化の隣人《りんじん》 ヒトとチンパンジー」）

＊ゴンベ、マハレ、ボッソウ＝野生チンパンジーの調査地。

問　右の文章の結論《けつろん》となる一文を探《さが》し、初めと終わりの五字をぬき出しなさい。

□□□□□ 〜 □□□□□

② 次の文章を読んで、あとの問いに答えなさい。

「過去にこんなことがありました」と事実を教えて終わるのではなく、時代の空気を少しでも伝えられれば、と思うのは、歴史を学ぶということは、追体験*をどこまでできるかということだと思うからです。

歴史を学ぶというのは、ものごとの因果関係をきちんと知ることです。それを知ることで、これからの時代についても、推測《すいそく》したり、自分なりの考えが持てるようになったりします。

（池上《いけがみ》 彰《あきら》「学び続ける力」）

(1) 前半の段落の要点になる部分をぬき出しなさい。

（　　　　）

(2) ――線「これからの……なったりします」とありますが、そのためにはどうすることが必要ですか。答えになる部分を、後半の段落から二十字以内でぬき出しなさい。

3 次の文章を読んで、あとの問いに答えなさい。

1 多くの昆虫《こんちゅう》は生まれながらにして何を食べるかを知っているが、そうでない動物もたくさんいる。

2 かつてオーストリアのローレンツ博士《はかせ》の研究所で、母親に連れられたガンのひなを見ていておもしろかった。

3 まだ若《わか》いガンのひなは、どの草の葉を食べたらよいかまだ知らない。ひなたちは親について歩きながら、母親がどんな草の葉を食べるかを注意ぶかく見ている。「よし丸い葉っぱだな」と思ったら、早速《さっそく》に道ばたの丸い葉っぱをつまんで食べる。

4 ところがそれはものすごく苦かった。ひなは驚いて葉を吐《は》き出《だ》し、さらに注意して親の食べるところを見る。「あ、丸いだけでなく、ふちにぎざぎざのある葉なんだ」。こうしてガンのひなは何を食べたらよいかを学んでゆく。

5 独り立ちしたあとは自分で試行錯誤《しこうさくご》しながらの学習だ。それは大変なことであるし、まちがえて悪いものを食べ、苦しんだり、ときには命さえ落とすこともあろう。

6 カラシ油の匂《にお》いだけに頼《たよ》るモンシロチョウには、そういう危険《きけん》はない。けれど、もしその草がなかったら飢《う》え死《じ》にする他はない。

7 餓《う》えと隣《とな》り合《あ》わせの安全か、まちがえて中毒するかもしれないが学習してゆく融通性《ゆうずうせい》と、どちらをとるかの問題であった。

（日高敏隆《ひだかとしたか》「動物は何を見ているか」）

(1) 右の文章で、筆者の体験が述べられているのはどこからどこまでですか。段落番号で答えなさい。

□～□

(2) (1)の体験に基《もと》づいて筆者が考えたことが述べられているのはどこからどこまでですか。段落番号で答えなさい。

□～□

(3) 筆者の結論が書かれた一文を探し、初めの五字をぬき出しなさい。

□□□□□

ステップ2

時間	合格点	得点
25分	70点	点

勉強した日　月　日

1 次の文章を読んで、あとの問いに答えなさい。

[1] 日本人は、自分たちの文化を米食文化、ないしは稲作《いなさく》文化だと考えてきました。この考えは歴史を勉強してみるといろいろ問題のある考えですが、それでも、イネや米の文化は日本文化の中に深く浸透《しんとう》しています。そのことは言語一つとってみてもあきらかです。ここでは米にまつわるさまざまな日本語について説明しておこうと思います。

[2] 漢字で書くと、それらの多くのものにはその部首に「米」や「禾」の字がついています。まず、穂《ほ》から取った状態の米は籾《もみ》といいます。籾殻《もみがら》を外す作業が脱稃《だっぷ》。稃は籾殻の意味です。脱稃してできたのが玄米《げんまい》です。これがイネの種子です。玄米の状態の米は食べられなくはありませんが、普通《ふつう》に炊《た》くと硬《かた》く、芯《しん》が残ったようになるのです。そこで玄米を搗精《＊とうせい》して白米にします。これがふつう米屋さんなどの店頭で見かけるお米です。玄米を白米にする過程ででるのが糠《ぬか》です。だいたい搗精の過程で重さの一〇パーセントほどが失われます。

[3] 白米を炊いたのが飯。ご飯です。炊くとき、水を多めに入れて調理すると、粥《かゆ》ができます。使うお米は粳《＊うるち》の米です。糯米《もちごめ》は普通は炊かずに蒸《む》すことが多いです。蒸しあがった糯米が「おこわ」です。おそらくおこわの語源《ごげん》は強飯《こわめし》だろうといわれています。おこわを熱いうちに搗《つ》くと餅《もち》ができます。飯やおこわを乾燥《かんそう》させて保存《ほぞん》食にしたものが糒《ほしい》です。

（中略）

[4] 糯米を水につけておき、やわらかくなったところでつぶしてできたのが粢《しとぎ》です。今の日本では粢を作ることはほとんどありませんが、これを静かにおいておくとやがてデンプンだけが底のほうに溜《た》まってきます。これをとりだして乾《かわ》かしたものが白玉粉になります。

[5] このように、米は、その加工の過程で、またさまざまな調理の過程でさまざまに姿《すがた》を変え、それぞれに名前が付けられていました。しかし、米の食文化がどんどん単純《たんじゅん》化し、またそれを食べる文化が衰退《すいたい》してきたことで、これらの名前や漢字が次第《しだい》に忘《わす》れられようとしているのは、まことに悲しいことです。

[6] 子どものころ、風邪《かぜ》をひいたり腹《はら》を下したりすると母がお粥を作ってくれたのを思い出します。しかし、粥は決して病人食などではありません。ちゃんとした米の料理なのです。正月明けに食べる「七草粥」は、もともとは薬膳《＊やくぜん》料理であったといわれています。ホテルの朝食や、あるいは航空機の機内食でも、朝粥を選択肢《せんたくし》に入れているところがあります。粥は、土鍋《どなべ》か、または行平鍋《ゆきひらなべ》といわれる特殊《とくしゅ》な

形をした鍋で炊くのがよいようです。粥をちゃんと炊こうと思えば、やはり米から炊くのが一番と思われます。（中略）

[7] ここまでの粥は、米だけで作る白粥ですが、粥にはいろいろなものを加えるさまざまなバリエーションがあります。ここでは日本でも食べられる粥について書いておきます。ひとつは芋粥《いもがゆ》です。現代では芋粥というと、サツマイモを入れた粥を意味します。サツマイモの入った粥は、甘く、またヘルシーであるとの声にも押《お》されて人気が高いようです。（中略）

[8] 茶粥は、水の代わりに番茶やほうじ茶で炊いた粥です。「雑炊《ぞうすい》」と呼《よ》ばれる食品も、広義の粥の一つと考えてよいでしょう。ナベのあとに、残ったスープに少量のご飯を加えてさっと煮《に》て、蓋《ふた》をしてよく蒸らします。今ではこれが雑炊の一般《いっぱん》的なイメージでヘルシーな食品というイメージが強いようですが、かつてはそれは米の代わりに野菜などをいれた「代用食」でした。代用食などという語は、飽食《ほうしょく》のこの国ではもはや死語ですが、つい五〇年ほど前まで多くの日本人がこの代用食で命をつないでいた歴史があったのです。この歴史だけは覚えておきたいものです。

（佐藤洋一郎《さとうよういちろう》「知ろう 食べよう 世界の米」）

＊搗精＝玄米をついて白くすること。 ＊粳＝普通の米のこと。
＊薬膳料理＝健康を保つための食事のこと。

(1) 右の文章を二つに分けたとき、前半（[1]～[5]）、後半（[6]～[8]）にどのようなタイトルをつけるとよいですか。次から一つずつ選び、それぞれ記号で答えなさい。（30点）

ア 米の作り方　イ 日本の多様な米食文化
ウ 米を炊く文化　エ さまざまなお粥とその作り方
オ お粥から見る日本人　カ お粥がもたらす文化

前半（　　） 後半（　　）

(2) ――線「米の食文化が……衰退してきた」とありますが、それはどのような状況《じょうきょう》ですか。[①]・[②]にあてはまる二字の言葉をそれぞれ本文中からぬき出しなさい。（40点）

・現代では以前のように米を[①]しなくなり、米の[②]方法も簡単《かんたん》になってきたということ。

①[　　] ②[　　]

(3) 本文の内容に合うものを次から選び、記号で答えなさい。（30点）

ア 日本人が自分たちの文化を米食文化、稲作文化と考えているが、そこまで生活と深いかかわりはない。
イ 米にはさまざまな調理法があり、米の種類や水の分量を変えるだけでその名称《めいしょう》が変わっていく。
ウ 現代の日本人にとって、お粥は病人に対して理想的な食事のひとつである。
エ お粥の一種である芋粥は、現代だけでなく古代の頃《ころ》から日本人に食べられていた。

（　　）

（湘南学園中―改）

ステップ３

時間	合格点	得点
45分	70点	点

勉強した日　月　日

1 次の文章を読んで、あとの問いに答えなさい。

「雑草はたくましい」と評される。そして人びとは、雑草の強さにあこがれる。ところが、植物学の分野では、雑草は強いとはされていない。むしろ雑草は、「弱い植物である」とされてもいるのである。

自然界は、弱肉強食である。強いものが生き残り、弱いものは滅《ほろ》び去《さ》っていく。植物のなかにも生育が旺盛《おうせい》で、ほかの植物を圧倒《あっとう》する強いものがある。お山の一本杉《いっぽんすぎ》のようなものがその典型だ。ほかの植物を＊駆逐《くちく》して、最後に生き残ったのが、一本杉なのである。あるいは、深い森の中に生《お》い茂《しげ》る巨木《きょぼく》たちは、生存《せいぞん》競争の勝者たちだ。タンポポやスミレのような雑草は、暗く深い森の中に暮《く》らすことはできない。「雑草」と呼《よ》ばれる植物は、ほかの植物との生存競争に対して「弱い植物」なのである。それでは、世の中がすべて、強い植物ばかりになってしまうかといえば、かならずしもそうではないのが①自然界のおもしろいところだ。

じつは、「強い植物」が力を発揮《はっき》できない場所があるのである。②それは、「予測不能な環境《かんきょう》」である。③強い植物は、安定した条件で力を発揮する。ところが、なにが起こるかわからないという不安定な状況《じょうきょう》では、力を発揮することができないのである。サッカーの試合を考えてみよう。芝《しば》は天然芝の最高のコンディション。お天気は快晴で、風もない。誰《だれ》だって、そんな恵《めぐ》まれた条件で試合をしてみたいと願うだろう。この恵まれた条件のなかで、プロのサッカーチームと、小学生チームが対戦したとしたらどうだろう。結果は見るまでもない。プロのサッカーチームが勝つに決まっているだろう。ところが最悪のコンディションを考えてみよう。天気は大雨。風も吹《ふ》き荒《あ》れている。グラウンドは、ドロドロにぬかるんでいて、水たまりさえたくさんある。強く降《ふ》る雨でボールがどこにあるのかもわからないし、味方の位置も見えない。風に飛ばされてボールもどっちへ転《ころ》がるかわからない。そんな恵まれない条件でサッカーをやるのは、誰だってイヤである。

［　　］、そんな不安定な条件で試合をしたとしたら、どうだろう。もしかすると、番狂《ばんくる》わせの可能性が出てくるかもしれない。そして、小学生チームが、練習の条件に恵まれず、いつも泥《どろ》んこの河川敷《かせんしき》のグラウンドで、強い風が吹きすさぶなかで練習を積み重ねているとしたら、どうだろう。弱いはずの小学生チームが、強いはずのプロのチームに勝つ可能性は高まるだろう。雑草の＊立《た》つ瀬《せ》もまさに、そこなのである。

誰だって恵まれた環境で勝負したい。しかし、安定した環境で勝負を挑《いど》んでも、弱い植物が強い植物に勝つことはできないのだ。弱い植物である雑草は、強い植物が力を発揮できない予測不能な環境に活路《かつろ》を見出した。予測不能な環境で成功するために必要なものは、強い植物に勝つ「力」ではない。予測不能な環境を克服《こくふく》する「知恵《ちえ》」なのである。逆境は敵ではない味方である。これが雑草の生き方の基本的な哲学《てつがく》である。逆境は誰にとってもいやなものである。しかし、逆境があるおかげで、弱い植物である雑草に成功のチャンスが訪《おとず》れる。逆境さえ、乗り切ることができれば、逆境は自分たちの成功を約束してくれる条件となるのである。

（稲垣栄洋《いながきひでひろ》「都会の雑草、発見と楽しみ方」）

＊駆逐＝好ましくないものなどを追い払《はら》うこと。
＊立つ瀬＝自分の安全を保てる場所。

(1) ――線①「自然界のおもしろいところだ」とありますが、「おもしろいところ」の説明として最も適切なものを次から選び、記号で答えなさい。(10点)

ア 植物学の分野では弱い植物とされる雑草が、自然界の生存競争を勝ち抜《ぬ》いていくこと。
イ 雑草はたくましい植物と思われがちだが、他の植物との生存競争に対しては弱い植物であること。
ウ 弱肉強食を常とする自然界の中で、弱いとされる雑草が生き残ることがあるということ。
エ 深く暗い森の中では、タンポポやスミレのような雑草は生き残ることができないこと。

（　　）

(2) ――線②「それ」は、何を指していますか。(10点)

（　　）

(3) ――線③「強い植物は、安定した条件で力を発揮する。」とありますが、この内容を、筆者はあとに出てくるサッカーの例の中でどのようなことにたとえていますか。四十五字以内で書きなさい。(15点)

(4) □にあてはまる言葉を次から選び、記号で答えなさい。(5点)

ア そして　**イ** しかし
ウ だから　**エ** なぜならば

（　　）

(5) ＝＝線「活路を見出した」の意味として最も適切なものを次から選び、記号で答えなさい。(5点)

ア 苦しい状態から逃《のが》れた。
イ 生きてゆく手立てを見つけた。
ウ 元気を取りもどすことができた。
エ 厳《きび》しい状況をうちやぶった。

（　　）

（かえつ有明中―改）

2 次の文章を読んで、あとの問いに答えなさい。

1 割《わ》り箸《ばし》は、小さな木工品である。割り箸になる木材の消費量や産出額などの数字も、小さな世界だろう。だが、①林業にとって割り箸は重要な位置にある。私《わたし》に言わせれば、割り箸こそ林業のシンボル、林業を象徴《しょうちょう》する商品なのだ。

2 その説明は後述するとして、近年割り箸の消費量が激減《げきげん》している。それも毎年一〇億膳《ぜん》単位で落ちていくのだ。二〇〇五年の割り箸消費量は、二五九・五億膳だったが、一〇年には概算《がいさん》で一八〇億膳前後になっている。なぜ三割もの激減を招いたのか。そして割り箸の消費が減ることが林業にどんな意味をもたらすのか、考察したい。

3 日本で食具と言えば、箸である。中国や朝鮮《ちょうせん》半島などでは、箸とともに匙《さじ》も重要な食具であるのに対して、日本は箸だけでどんな料理も食す。飛鳥《あすか》時代の遺跡《いせき》からも箸は出土している。そして割り箸は、今の奈良《なら》県吉野《よしの》で一七〇〇年前後に商品として取引《とりひき》された記録がある。やがて②飲食店の発達の中で広がったようだが、明治以降《いこう》は全国的に需要《じゅよう》が広がり、製造も各地で行われるようになった。

4 ［①］古代から木材は重要な資源《しげん》であったが、問題はかさばるうえに重いことだ。森林から人里までの運搬《うんぱん》が課題となる。動力機関が普及《ふきゅう》する前、原木は斜面《しゃめん》を滑《すべ》り落としたり、橇《そり》に乗せて運んだ。そして川を一本ずつ、［②］筏《いかだ》を組んで流した。いずれも人力に頼《たよ》る部分が少なくない。

そして製材加工するわけだが、丸太を角材や板にすれば、*歩留《ぶどま》りはよくて六割から七割だろう。すると残りの三〜四割をどうするか。苦労して運び出した木材は、無駄《むだ》なく利用しないともったいない。

5 割り箸の材料は、そんな加工の過程で出た小さな端材《はざい》である。まさに木材資源を無駄なく使うために生み出した商品だった。

6 しかも割り箸は、高付加価値《かち》商品だ。一立方メートルの木材から、単純《たんじゅん》計算でも五万膳は作れる。卸値《おろしね》で一膳五円（高級箸の場合）とすると、二五万円。よほどの*大径木《だいけいぼく》か*銘木《めいぼく》でもなければ、これだけのア利益は生み出せない。現実は計算通りに行かないにしても、割り箸は経済《けいざい》的に決して悪くない商品なのである。

7 さて割り箸の需要は、戦後の経済復興・経済成長に歩調を合わせて伸《の》びた。その立役者《たてやくしゃ》は、外食産業や中食産業（持ち帰り弁当《べんとう》など）の発達である。割り箸は、外食産業にとっては、洗《あら》う手間を省けることが大きな魅力《みりょく》だった。また弁当を買う人は、箸を別途《べっと》用意している可能性は低いから、絶対に必要なアイテムだったのだ。

8 加えて、使い捨《す》てゆえに衛生的なことも重要だった。もし汚《よご》れた箸を客に出せば、店の信用問題に関《かか》わる。食中毒でも発生させようものなら店は大打撃《だげき》を受けるだろう。そうしたニーズを受けて、割り箸は大きな需要へとイ拡大《かくだい》したのだ。

9 材料には、端材のほか、建築材にならない樹種《じゅしゅ》の材や曲がった木材が使われた。スギやヒノキだけでなくマツ、トドマツ、そしてシラカバなど広葉樹へと広がったのである。

［③］製造方法も、新方式が登場した。木材をスライスしてから裁断《さいだん》するこれまでの方法だけではなく、丸太をロー＊タリーレースで剝《む》き取《と》り、その単板を裁断する方式で、大量生産できるようになる。

10 材料の調達は、製紙用材が流用された。チップにする前に割り箸になりそうな丸太を抜《ぬ》き取《と》るのだ。チップは価格が非常に安いが、割り箸はチップよりはるかに高付加価値だから買い取り価格も高めになる。③業者にとっても有り難《あがた》い取引《とりひき》となった。

（田中淳夫《たなかあつお》「森林異変《いへん》 日本の林業に未来はあるか」）

＊歩留り＝ここでは、丸太を用いて角材や板を製造する場合に、材料として使用される部分の割合のこと。
＊大径木＝幹の太い巨大《きょだい》な樹木から切り出された木材。
＊銘木＝希少価値や観賞価値のある木材。
＊ロータリーレース＝丸太を回転させながら、リンゴの皮を剝くように、薄《うす》く切り出していく機械。

(1) ［①］～［③］にあてはまる言葉を次から選び、それぞれ記号で答えなさい。（15点）

ア だが　イ すると　ウ あるいは
エ さらに　オ つまり　カ ところで

①（　）②（　）③（　）

(2) ═線ア「利益」、イ「拡大」の対義語を、それぞれ漢字二字で書きなさい。（10点）

ア［　］　イ［　］

(3) ─線①「林業にとって……位置にある」とありますが、筆者がこのように述べる理由を5・6段落《だんらく》から一つずつ探《さが》し、それぞれ「～商品だから。」に続く形で書きなさい。（5点×2―10点）

5（　）商品だから。
6（　）商品だから。

(4) ─線②「飲食店の発達の中で広がった」とありますが、飲食店にとって割り箸はどんな良い点があったのですか。十字以上十五字以内で、本文中から二つぬき出しなさい。（5点×2―10点）

(5) ─線③「業者にとって……取引となった。」とありますが、その理由を書きなさい。（10点）

（　）

（専修大松戸中―改）

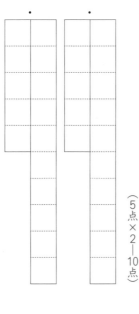

18 詩を読む

学習のねらい
詩には文語詩と口語詩、定型詩と自由詩などの種類がある。反復法、対句《ついく》法などの表現技法などに注意して読み取ることができるようにする。

勉強した日　月　日

ステップ1

❶ 次の詩を読んで、あとの問いに答えなさい。

＊飛《とび》込《こみ》 (一)

村野四郎《むらのしろう》

花のように雲たちの衣裳《いしょう》が開く
水の反射《はんしゃ》が
あなたの裸体《らたい》に縞《しま》をつける
あなたは遂《つい》に飛びだした
筋肉《きんにく》の翅《はね》で
日に焦《こ》げた小さい蜂《はち》よ
あなたは花に向《む》って落ち
つき刺《さ》さるようにもぐりこんだ
軈《やが》て　あちらの花のかげから
あなたは出てくる
液体に濡《ぬ》れて
さも重たそうに

＊飛込＝台から水中に飛《と》び込《こ》み、正確さと美しさを競《きそ》う競技。

(1) この詩に用いられている表現技法を次から選び、記号で答えなさい。

ア 反復法（同じ言葉を何度もくり返す）
イ 比喩《ひゆ》法（あるものにたとえて印象を強める）
ウ 対句《ついく》法（対になる言葉を使って、対照的に表す）
エ 体言止め（文末を体言で止め、余韻《よいん》を残す）

（　　）

(2) この詩では、①「水」、②「あなた」を、何に見立てて表現していますか。見立てているものを次から選び、それぞれ記号で答えなさい。

ア 花　イ 雲　ウ 縞　エ 蜂

①「水」（　　）②「あなた」（　　）

(3) ――線「あなたは……さも重たそうに」とありますが、これはどのようなところを表現していますか。最も適切なものを次から選び、記号で答えなさい。

ア 飛び込みを終えて、水中から顔を出したところ。
イ 飛び込み台から飛び込んだところ。
ウ 水に飛び込んだところ。
エ 飛び込みの用意ができたところ。

（　　）

2 次の詩を読んで、あとの問いに答えなさい。

不思議

金子《かねこ》みすゞ《(ず)》

私《わたし》は不思議でたまらない、
黒い雲からふる雨が、
銀にひかつてゐる《(い)》ことが。

私は不思議でたまらない、
青い桑《くわ》の葉たべてゐる《(い)》、
蠶《かいこ》が白くなることが。

私は不思議でたまらない、
たれもいぢらぬ《(じ)》夕顔《ゆうがお》が、
ひとりでぱらりと開くのが。

私は不思議でたまらない、
*誰《たれ》にきいても笑つてて
あたりまへ《(え)》だ、といふ《(う)》ことが。

*たれ＝だれ。

(1) この詩の種類を次から選び、記号で答えなさい。
ア 定型詩（各行の音の数に一定のきまりがある詩）
イ 自由詩（音数などに特にきまりがない詩）
（　　）

(2) この詩は、いくつの連（詩の区切り）からできていますか。漢数字で答えなさい。
□連

(3) くり返し出てくる一行をぬき出しなさい。
（　　）

(4) 次の①・②と対になるのはどんなものですか。①・②にあてはまる一字の言葉を、それぞれ詩の中からぬき出しなさい。
① 黒い雲――①の雨
② 青い桑の葉――白い②
① □　② □

(5) この詩についての説明として最も適切なものを次から選び、記号で答えなさい。
ア「あたりまへ」である物事の中から、「不思議でたまらない」と思えることを探《さが》し出している。
イ 人が「あたりまへだ」と考えることに目を向けて、「不思議でたまらない」と率直《そっちょく》に述べている。
ウ 人が「あたりまへだ」と思うことを「不思議でたまらない」と感じてしまう自分をはじている。
エ 本来「不思議でたまらない」ことを「あたりまへ」としてしまう人たちに強く抗議《こうぎ》している。
（　　）

ステップ 2

勉強した日
月　日

時間	合格点	得点
25分	70点	点

1 次の詩を読んで、あとの問いに答えなさい。

冬が来た

高村《たかむら》光太郎《こうたろう》

きつぱりと冬が来た
＊八つ手の白い花も消え
公孫樹《いちょう》の木も箒《ほうき》になつた
きりきりともみ込《こ》むや《(よ)》うな冬が来た
人にいやがられる冬
草木に背《そむ》かれ、虫類に逃《に》げられる冬が来た

冬よ
僕《ぼく》に来い、僕に来い
僕は冬の力、冬は僕の餌食《えじき》だ

志《し》み透《とお》れ、つきぬけ
火事を出せ、雪で埋《う》めろ
刃物《はもの》のや《(よ)》うな冬が来た

＊八つ手＝秋の終わりごろ、白い小花をつける木。

---

(1) この詩は、いくつの連からできていますか。漢数字で答えなさい。(10点)
□連

(2) ――線「箒になつた」とありますが、これはどういう様子を表していますか。次の文中の□に入る言葉を、平仮名二字で書きなさい。(15点)
・葉がすっかり落ちて、公孫樹の□が箒のようである様子。
□□

(3) 冬のきびしさ、いやなところをえがいているのは、何番目の連ですか。漢数字で答えなさい。(10点)
□番目の連

(4) この詩の内容の説明として最も適切なものを次から選び、記号で答えなさい。(20点)
ア 人にいやがられる冬をたたえることで、当たり前の人生は歩まないという決意を表している。
イ 冬のきびしさを自分の力に変える決意を示すことで、世の中の荒波《あらなみ》に立ち向かうことを自らにちかっている。
ウ あらゆる生き物にきびしい冬に対する嫌悪《けんお》感を、さまざまな表現を用いて表している。
エ きびしい冬を引き受ける決意を示すことで、社会のためにつくす人間になることをちかっている。
（　　）

2 次の詩を読んで、あとの問いに答えなさい。

月夜の浜辺《はまべ》

中原中也《なかはらちゅうや》

月夜の晩《ばん》に、ボタンが一つ
波打際《なみうちぎわ》に、落ちてゐ《い》た。

それを拾つて、役立てようと
僕は思つたわけでもないが
なぜだかそれを捨《す》てるに忍《しの》びず
僕はそれを、袂《たもと》に入れた。

月夜の晩に、ボタンが一つ
波打際に、落ちてゐ《い》た。

それを拾つて、役立てようと
僕は思つたわけでもないが
　月に向《むか》つてそれは抛《ほう》れず
　浪《なみ》に向つてそれは抛れず
僕はそれを、袂に入れた。

月夜の晩に、拾つたボタンは
指先に沁《し》み、心に沁みた。

月夜の晩に、拾つたボタンは
どうしてそれが、捨てられようか？

---

(1) この詩は六つの連からできています。「対句《ついく》法」（対になる言葉を使って、対照的に表す）が用いられているのは、何番目の連ですか。漢数字で答えなさい。（10点）

□番目の連

(2) 「僕」が、ボタンを「袂に入れた」のはなぜですか。その理由を書いた一行を、二番目の連からぬき出しなさい。（15点）

（　　　　）

(3) この詩の説明として最も適切なものを次から選び、記号で答えなさい。（20点）

ア 月夜の浜辺という幻想《げんそう》的な舞台《ぶたい》の下で、作者の孤独《こどく》な思いが、拾ったボタンを捨てるに捨てられないという行為《こうい》によって表されている。

イ 月夜の浜辺という幻想的な舞台の下で、作者の未来に対する強い決意が、拾ったボタンを袂に入れるという行為によって表されている。

ウ 月夜の浜辺で拾ったボタンを袂に入れた作者は、役立てるわけではないと照れくささをまぎらしている。

エ 月夜の浜辺で拾ったボタンを捨てるに捨てられない行為をとおして、どうにもならない人生に対する作者のいらだちが表されている。

（　　）

19 短歌・俳《はい》句《く》を読む

学習のねらい　短歌では、「句切れ」（一首の途中《とちゅう》で、意味や調子のうえで句が切れるところ）を、俳句では、「切れ字」（意味の切れ目を表す語）をおさえて読むようにする。

勉強した日　月　日

ステップ1

1 次の短歌を読んで、あとの問いに答えなさい。

A 瓶《かめ》にさす藤《ふじ》の花ぶさみじかければたたみの上にとどかざりけり　正岡子規《まさおかしき》

B 金色《こんじき》のちひ（い）さき鳥のかたちして銀杏《いちょう》ちるなり夕日の岡《おか》に　与謝野晶子《よさのあきこ》

C ふるさとの訛《なまり》なつかし
停車場の人ごみの中に
そを聴《き》きにゆく　石川啄木《いしかわたくぼく》

D 白鳥はかなしからずや空の青海のあを（お）にも染《そ》まずただよふ（う）　若山牧水《わかやまぼくすい》

E ゆく秋の大和《やまと》の国の薬師寺《やくしじ》の塔《とう》の上なる一ひらの雲　佐佐木信綱《ささきのぶつな》

(1) A～Eの歌は、何句切れですか。適切なものを次から選び、それぞれ記号で答えなさい。

ア 初句切れ　**イ** 二句切れ　**ウ** 三句切れ
エ 四句切れ　**オ** 句切れなし

A（　）B（　）C（　）D（　）E（　）

(2) A～Eの歌の解説として適切なものを次から選び、それぞれ記号で答えなさい。

ア 都会に住み、故郷《こきょう》を思う気持ちをうたっている。
イ 見たものをそのまま写生するようにうたっている。
ウ たとえをうまく使うことで、様子が目にうかんでくる。
エ 雄大《ゆうだい》な風景を同音のくり返しでリズムよくうたっている。
オ 自分のすがたを自然の風物にたくしてうたっている。

A（　）B（　）C（　）D（　）E（　）

2 次の和歌を読んで、あとの問いに答えなさい。

田子《たご》の浦《うら》ゆうち出《い》でて見れば真白にぞ富士《ふじ》の高嶺《たかね》に雪は降《ふ》りける　山部赤人《やまべのあかひと》

〈現代語訳《やく》〉田子の浦を通って ① の開けた場所に出て見ると、真っ白に、富士の高嶺に、昔と変わらず今も ② は降り積もっている。

問 ①・② にあてはまる言葉を次から選び、それぞれ記号で答えなさい。

ア 町　**イ** 視界《しかい》　**ウ** 雪　**エ** 灰《はい》

①（　）②（　）

3 次の俳句を読んで、あとの問いに答えなさい。

A いくたびも雪の深さを尋《たず》ねけり　正岡子規
B 卒業の兄と来てゐ《い》る堤《つつみ》かな　芝不器男《しばふきお》
C ひっぱれる糸まっすぐや甲虫《かぶとむし》　高野素十《たかのすじゅう》
D 赤い椿《つばき》白い椿と落ちにけり　河東碧梧桐《かわひがしへきごとう》
E 啄木鳥《きつつき》や落葉《おちば》をいそぐ牧《まき》の木々　水原秋櫻子《みずはらしゅうおうし》
F 流れ行く大根の葉の早さかな　高浜虚子《たかはまきょし》

(1) A～Fの句の季語と季節を、それぞれ書きなさい。

A 季語（　　）　季節（　　）
B 季語（　　）　季節（　　）
C 季語（　　）　季節（　　）
D 季語（　　）　季節（　　）
E 季語（　　）　季節（　　）
F 季語（　　）　季節（　　）

(2) A～Fの句から、切れ字をそれぞれぬき出しなさい。

A（　　）　B（　　）
C（　　）　D（　　）
E（　　）　F（　　）

(3) 次の各文にあてはまる句をA～Fから選び、それぞれ記号で答えなさい。

① あざやかな色彩《しきさい》が目にうかんでくる。
② 病床《びょうしょう》にある作者は外の様子がわからない。
③ すんだ自然の風景の中にひびく一つの音。
④ ふと目にしたもので気づかされた自然の小景。

①（　　）　②（　　）　③（　　）　④（　　）

4 次の俳句を読んで、あとの問いに答えなさい。

A 古池や蛙《かわず》飛びこむ水のおと　松尾芭蕉《まつおばしょう》
B 菜の花や月は東に日は西に　与謝蕪村《よさぶそん》
C 名月を取《と》ってくれろとなく子哉《かな》　小林一茶《こばやしいっさ》

(1) A～Cのうち、①他の二句と季語の表す季節がちがう句を選び、記号で答えなさい。また、②その句の季節を書きなさい。

①（　　）　②（　　）

(2) Bの句を解説した次の文の ① ～ ③ にあてはまる三字と一字の言葉を句の中から探《さが》し、ぬき出しなさい。

・一面に広がる ① 畑にも日ぐれが近づいて、東の空には白い ② が出、西の空には ③ が赤々と燃えて今まさにしずもうとしている。雄大で幻想《げんそう》的な風景をえがいている。

① □□□
② □
③ □

勉強した日　月　日

時間	合格点	得点
25分	70点	点

ステップ2

1 次の短歌を読んで、あとの問いに答えなさい。

A 明治屋のクリスマス飾《かざ》り灯《ひ》ともりてきらびやかなり粉雪降《ふ》り出《い》づ　木下利玄《きのしたりげん》

B 向日葵《ひまわり》は金の油を身にあびてゆらりと高し日のちひ《(い)》ささよ　前田夕暮《まえだゆうぐれ》

C 病《や》める児《こ》はハモニカを吹《ふ》き夜に入《い》りぬもろこし畑《ばた》の黄なる月の出　北原白秋《きたはらはくしゅう》

(1) Aの歌の解説として最も適切なものを次から選び、記号で答えなさい。（10点）

ア 季節にぴたりとはまった情景がよまれている。
イ 現実にはありえない世界がよまれている。
ウ 作者のうきうきした気持ちが伝わってくる。
エ 一人孤独《こどく》な作者のすがたがうかんでくる。

（　　）

(2) Bの歌の解説として最も適切なものを次から選び、記号で答えなさい。（10点）

ア 作者の苦しみが向日葵にたくして表現されている。
イ 太陽の小ささへの失望がよまれている。
ウ 夏の暑さがじわじわと感じられる。
エ 絵画的なイメージがうかんでくる。

（　　）

(3) Cの歌の解説として最も適切なものを次から選び、記号で答えなさい。（10点）

ア 病気に負けまいとする子どもの思いが伝わってくる。
イ 子どもの回復をいのる気持ちがにじみでている。
ウ 病気の苦しみが音楽に乗って聞こえるようである。
エ 童話の風景のような世界をえがいている。

（　　）

(4) A～Cの歌の中から「字余り」（決まった音数より音が多いこと）の歌を一つ探《さが》し、記号で答えなさい。（5点）

（　　）

2 次の俳句《はいく》を読んで、あとの問いに答えなさい。

桐《きり》一葉日当《あた》りながら落ちにけり　高浜虚子《たかはまきょし》

(1) この句は、どの季節をよんだものですか。次から選び、記号で答えなさい。（5点）

ア 春　イ 夏　ウ 秋　エ 冬

（　　）

(2) この句は何句切れですか。次から選び、記号で答えなさい。（5点）

ア 初句切れ　イ 二句切れ　ウ 句切れなし

（　　）

(3) 「桐一葉」とは、どのような様子ですか。最も適切なものを次から選び、記号で答えなさい。(10点)

ア 最後に残った一枚《まい》の桐の葉が落ちていく様子。
イ 風もなく大きな桐の葉が一枚落ちていく様子。
ウ 桐の葉の一枚だけが非常に美しく残った様子。
エ 桐の葉が一枚一枚落ち続けていく様子。

（　）

(4) この俳句の特徴《とくちょう》として最も適切なものを次から選び、記号で答えなさい。(10点)

ア あたたかな光を葉が一心にうけ、ゆれている生命の美しさが感じられる。
イ 大きな空間の中を小さな葉が落ちていく見た目の面白《おもしろ》さが感じられる。
ウ 葉が一枚ひらひらと落ちていくのがはっきりとわかる静けさが感じられる。
エ 一枚の葉がはかなくもたえきれず落ちてしまう物悲しさが感じられる。

（　）

(明治学院中)

3 次の俳句を読んで、あとの問いに答えなさい。

A を(お)りとりてはらりとおもきすすきかな　飯田《いいだ》蛇笏《だこつ》
B さみだれや大河を前に家二軒《けん》　与謝蕪村《よさぶそん》
C やれ打つな蠅《はえ》が手を摺《す》り足をする　小林一茶《こばやしいっさ》
D 遠山に日の当《あた》りたる枯野《かれの》かな　高浜虚子
E 柿《かき》食へ(え)ば鐘《かね》が鳴るなり法隆寺《ほうりゅうじ》　正岡子規《まさおかしき》
F 春寒し水田の上の根なし雲　河東碧梧桐《かわひがしへきごとう》
G 分け入っても分け入っても青い山　種田山頭火《たねだ さんとうか》

(1) A〜Fの句の季語と季節を、それぞれ書きなさい。(5点×6—30点)

A 季語（　）季節（　）
B 季語（　）季節（　）
C 季語（　）季節（　）
D 季語（　）季節（　）
E 季語（　）季節（　）
F 季語（　）季節（　）

(2) Gのように季語をもたない俳句もあります。次の中から季語をもたない俳句を一つ選び、記号で答えなさい。(5点)

ア 虫なくや帯に手さして倚《よ》り柱　杉田久女《すぎたひさじょ》
イ 菫程《すみれほど》な小さき人に生《うま》れたし　夏目漱石《なつめそうせき》
ウ 足のうら洗《あら》へ(え)ば白くなる　尾崎放哉《おざきほうさい》
エ 揚雲雀《あげひばり》空のまん中ここよここよ　正木《まさき》ゆう子《こ》

（　）

20 古典を読む

学習のねらい

古典には、昔の物語や随筆《ずいひつ》のほか、和歌や俳句《はいく》、漢文や漢詩、故事成語やことわざなどもふくまれる。昔の言葉や表現に注意しながら読むようにする。

勉強した日　月　日

ステップ1

1 次の文章を読んで、あとの問いに答えなさい。

詩人の賈島《かとう》は、試験のために都におもむいた。あるとき、ロバに乗って詩を作っていたが、「僧《そう》は推《お》す月下の門」という句ができた。だが、「推す」は「敲《たた》く」に変えたほうがいいのではないかと思い、考えがまとまらない。そのうち、気がつかないままに都の長官だった韓愈《かんゆ》の列にぶつかってしまった。韓愈は有名な詩人である。賈島が自分の考えていたことを話すと、韓愈は「それは『敲く』にしたほうがよい」と教えてくれた。二人はそのまま馬を並《なら》べて詩を論《ろん》じ合《あ》った。

(1) 右の故事（昔から伝わるいわれのある事がら）から、「詩や文をよりよく直すこと」という意味の成語（昔の人が作った語句）ができました。その故事成語を次から選び、記号で答えなさい。

ア 五十歩百歩　イ 蛇足《だそく》
ウ 背水《はいすい》の陣《じん》　エ 推敲《すいこう》

（　　）

(2) 「君の話には矛盾《むじゅん》がある。」などと使われる「矛盾」の意味に合うものを次から選び、記号で答えなさい。

ア つじつまが合わないこと。
イ たいしたちがいがないこと。
ウ よけいなもの。
エ 決死の覚悟《かくご》で事にあたること。

（　　）

2 次の各文の——線部のことわざ・慣用句が正しく使われていれば○を、まちがっていれば×をつけなさい。

① 弟は何度言い聞かせても忘《わす》れ物《もの》がなくならない。まったくのれんに腕押《うでお》しだよ。（　　）

② どうせ引《ひ》っ越《こ》すのだから部屋のそうじはやめておこう。立つ鳥後をにごさずというものさ。（　　）

③ 宿題が三つもたまってしまった。本当にねこの手も借りたいいそがしさだよ。（　　）

④ この映画《えいが》のラストシーンは、手にあせにぎるおもしろさだ。（　　）

⑤ テストの結果が悪かったうえに、彼女《かのじょ》にふられてしまった。まったくあぶはちとらずだよ。（　　）

3 次の古文と現代語訳《やく》を読んで、あとの問いに答えなさい。

月日は百代《はくたい》の過客《かかく》にして、行きかふ《(う)》年もまた旅人なり。舟《ふね》の上に生涯《しょうがい》を浮《う》かべ、馬の口とらへ《(え)》て老いを迎《むか》ふ《(う)》る者は、日々旅にして旅をすみかとす。古人も多く旅に死せるあり。予もいづ《(ず)》れの年よりか、片雲《へんうん》の風にさそは《(わ)》れて、漂泊《ひょうはく》の思ひ《(い)》やまず、海浜《かいひん》にさすらへ《(え)》て、去年《こぞ》の秋、江上《こうしょう》の破屋《はおく》に蜘蛛《くも》の古巣をはらひ《(い)》て、やや年も暮《く》れ、春立てる霞《かすみ》の空に、白河《しらかわ》の関越《せきこ》えむ《(ん)》と、そぞろ神の物につきて心をくるはせ《(わ)》、道祖神《どうそじん》の招きにあひ《(い)》て、取るもの手につかず、股引《ももひき》の破れをつづり、笠《かさ》の緒《お》付けかへ《(え)》て、三里に灸《きゅう》すゆるより、松島《まつしま》の月まづ《(ず)》心にかかりて、住めるかたは人に譲《ゆず》りて、杉風《さんぷう》が別墅《べっしょ》に移るに、

草の戸も住み替《か》はる《(わ)》代ぞ雛《ひな》の家

面八句《おもてはっく》を庵《あん》の柱に懸《か》け置《お》く。

〈現代語訳〉月日は永遠の旅人であって、行っては来る年もまた旅人である。舟の上で一生をおくり、馬のくつわを取って老いていく（船頭や馬方などの）人は、日々旅であって旅を住みかとしている。昔の風雅《ふうが》な人々にも、旅の途中《とちゅう》で死んだ人がたくさんいる。わたしもいつの年からか、ちぎれ雲が風にさそわれるのを見て自分もさそわれ、ふらふらとさまよい歩きたいという気持ちがやまず、海辺をさすらって、去年の秋（帰り、）隅田川《すみだがわ》のほとりのぼろ屋でクモの古い巣をはらって、だんだん年も暮れ、（するとまた）立春の霞のたつ空の下で白河の関を越えたいと、心をかきたてる神が取りついて心を狂《くる》わせ、道祖神の招きにあって、取るものも手につかない。（そこで旅じたくとして）ももひきの破れをつくろい、笠のひもを付けかえて、ひざのツボに灸をすえるころから、松島の月が気にかかって、住んでいるところは人にゆずって、弟子《でし》の杉風の別宅《べったく》に移るに際して、

草の戸も住み替はる《(わ)》代ぞ雛の家

を発句（最初の句）とする面八句を庵の柱にかけておく。

(1) この作品の名前を次から選び、記号で答えなさい。

ア 伊勢《いせ》物語　イ 徒然草《つれづれぐさ》
ウ 枕草子《まくらのそうし》　エ おくのほそ道《みち》　（　　）

(2) この作品の作者の名前を次から選び、記号で答えなさい。

ア 小林一茶《こばやしいっさ》　イ 松尾芭蕉《まつおばしょう》
ウ 与謝蕪村《よさぶそん》　エ 西行《さいぎょう》　（　　）

(3) 作者は、年月を何にたとえていますか。古文から二字でぬき出しなさい。　□□

(4) ――線の部分から、作者のどんな気持ちがわかりますか。次の文中の□にあてはまる一字の言葉を、本文中からぬき出しなさい。

・□に出たいという強い気持ち。　□

ステップ2

勉強した日	
月	日

時間	合格点	得点
25分	70点	点

1 次の古文と現代語訳《やく》を読んで、あとの問いに答えなさい。

①つれづれなるままに、日くらしすずりに向かひ《(い)》て、心にうつりゆくよしなしごとを、そこはかとなく書きつくれば、あやしうこそものぐるほし《(お)》けれ。

〈現代語訳〉手持ちぶさたなのにまかせて、一日中、硯《すずり》に向かって、次々に心にうかんでくるたわいのないことを、とりとめもなく書きつけていると、われながらなんとも不思議にふつうではないような気持ちがする。

②高名《こうみょう》の木登りといひ《(い)》しを《(お)》のこ、人をおきてて、高き木に登せて梢《こずえ》を切らせしに、いと危《あやう》く見えしほどは言ふ《(う)》事もなくて、おるるときに軒長《のきたけ》ばかりになりて、「あやまちすな。心しておりよ」と言葉をかけ侍《はべ》りしを、「かばかりになりては、飛びおるるともおりなん。如何《いか》にかく言ふ《(う)》ぞ」と申し侍りしかば、「その事に候《そうろう》。目くるめき、枝危きほどは、おのれが恐《おそ》れ侍れば申さず。あやまちは、やすき所になりて、必ず仕《つかまつ》る事に候」といふ《(う)》。

〈現代語訳〉名高い木登りといわれた男が、人を指示して高い木に登らせて枝を切らせたときに、非常に危《あぶ》なく見えたときは何も言わないで、下りるときに、軒の高さくらいになったとき、「けがをしないように。気をつけて下りなさい」と言葉をかけましたので、「このくらいの高さになれば、飛び下りてでも下りられるだろう。なぜこのように言うのか」と申しましたところ、「そのことでございます。目がくらむほど高かったり、枝が危ないときは、自分が恐れておりますので申しません。けがは、やさしいところになって、必ずいたしますものでございます」と言う。

---

(1) ①・②は同じ作品に出てくる文章です。その作品名を次から選び、記号で答えなさい。(10点)

ア 枕草子《まくらのそうし》　イ 方丈記《ほうじょうき》
ウ 徒然草《つれづれぐさ》　エ 土佐《とさ》日記

(　　)

(2) この作品の作者の名前を次から選び、記号で答えなさい。(10点)

ア 清少納言《せいしょうなごん》　イ 兼好法師《けんこうほうし》
ウ 紀貫之《きのつらゆき》　エ 鴨長明《かものちょうめい》

(　　)

(3) 作者は、どんなきっかけでこの作品を書き始めたのです

か。答えにあたる部分を、①の現代語訳から十三字でぬき出しなさい。(15点)

(4) ②の文章で、作者が疑問《ぎもん》に思ったのはどういうことですか。現代語訳から読み取って書きなさい。(15点)

(5) (4)の答えとなる一文を「高名の木登り」の現代語訳から探《さが》し、初めの五字をぬき出しなさい。(句読点も数えます。)(10点)

2 次の漢文と現代語訳を読んで、あとの問いに答えなさい。

子《し》曰《い(わ)》はく、「学びて時にこれを習ふ《(う)》、また説《よろこ》ばしからずや。朋《とも》遠方より来たるあり、また楽しからずや。人知らずして慍《うら》みず、また君子ならずや。」と。

〈現代語訳〉先生が言われるには、「学んだことを機会あるごとに、くり返し復習する、なんと喜ばしいことではないか。師を同じくする友が、はるばる遠方から訪《たず》ねて来る、なんと楽しいことではないか。世の中の人々が自分の価値《かち》を認《みと》めてくれなくとも不平不満をいだかない、なんと徳の高いりっぱな人物ではないか。」と。

(1) この文章が書かれている書物の名前を次から選び、記号で答えなさい。(10点)

ア 論語《ろんご》　イ 韓非子《かんぴし》
ウ 老子《ろうし》　エ 三国志《さんごくし》

(2) 「子」とはだれですか。次から選び、記号で答えなさい。(10点)

ア 孟子《もうし》　イ 孔子《こうし》
ウ 荘子《そうし》　エ 老子

(3) ——線「習ふ」とは、ここではどうすることですか。現代語訳から探し、四字の言葉をぬき出しなさい。(10点)

(4) この文章の内容に合うものを次から選び、記号で答えなさい。(10点)

ア 学問の難《むずか》しさと解決の方法。
イ 学問の楽しみ方。
ウ 学問に欠けているもの。
エ 学問の目的と学問をする心構え。

ステップ３

勉強した日　月　日

時間 45分　合格点 70点　得点　点

1 次の詩を読んで、あとの問いに答えなさい。

ちびへび

工藤直子《くどうなおこ》

暖《あ》ったかいのだもの
散歩は　したいよ
ちびへびは
おうちに鍵《かぎ》をかけて
ぷらぷらでかけた

こんちわというと
小鳥は　ピャッと飛びあがり
いたちはナンデェとすごんだ
あら　おびに短《みじ》かしたすきに長しね
仲間は忍《しの》び笑《わら》いをした

ちびへびは急いで家にもどり
おうちの中から鍵をかけ
燃え残りの蚊取《かと》り線香《せんこう》のように
まるくなって　ねむった
でも……
暖ったかいのだもの
散歩は　したいよ
ちびへびは
もういちど　でかけた
誰《だれ》もいないところまで
——こんちわ　いわずに
□　しないで

(1) この詩で用いられている表現技巧《ぎこう》として適切でないものを次から一つ選び、記号で答えなさい。（5点）
ア 擬態語《ぎたい》　イ 体言止め　ウ 倒置法《とうち》
エ 直喩《ちょくゆ》　オ 反復法
（　　）

(2) ——線「まるくなって　ねむった」とありますが、このときの「ちびへび」の状況《じょうきょう》として最も適切なものを次から選び、記号で答えなさい。（5点）
ア 陽気　イ 歓喜《かんき》　ウ 憤怒《ふんど》
エ 落胆《らくたん》　オ 哀愁《あいしゅう》
（　　）

(3) □にあてはまる言葉を、詩の中からぬき出しなさい。（5点）
（　　）

(4) この詩に描《えが》かれているのは、どのような心情ですか。最も適切なものを次から選び、記号で答えなさい。（5点）

ア 一人でいることが好きなのに、優柔不断《ゆうじゅうふだん》なために、周りに同調してしまうせつなさを外の世界に出ていくことで晴らそうとしている。

イ 積極的に行動しようとしても、内気な性格であるため、それができない悲しさがあり、外の世界に出て行くことをためらっている。

ウ 大人として認《みと》められたいのに、周りからは子供《こども》としか扱《あつか》ってもらえないもどかしさがあるため、外の世界で経験を積もうとしている。

エ 自分は皆《みんな》と仲良くしたいのに、周りの人たちとなじめないさびしさを感じつつも、それでも外の世界へのあこがれを捨《す》てきれないでいる。

オ 自分では一生懸命《いっしょうけんめい》努力しているのに、それを認めてもらえないくやしさがあるため、外の世界で楽しいことを探《さが》したいと思っている。

（　　）

（西武学園文理中）

2 次の俳句《はいく》を読んで、あとの問いに答えなさい。

A 名月や池をめぐりて夜もすがら　松尾芭蕉《まつおばしょう》

B 夏河《なつかわ》を越《こ》すうれしさよ手に草履《ぞうり》　与謝蕪村《よさぶそん》

C 梅一輪一輪ほどのあたたかさ　服部嵐雪《はっとりらんせつ》

D 遠足のおくれ走りてつながりし　高浜虚子《たかはまきょし》

E 一軒家《いっけんや》もすぎ落葉する風のままに行く　河東碧梧桐《かわひがしへきごとう》

F 冬菊《ふゆぎく》のまとふ（う）はおのがひかりのみ　水原秋櫻子《みずはらしゅうおうし》

(1) A～Fの句の季語と季節を、それぞれ書きなさい。（2点×6―12点）

A	季語		季節	
B	季語		季節	
C	季語		季節	
D	季語		季節	
E	季語		季節	
F	季語		季節	

(2) 五・七・五の定型にとらわれずによまれている句が一つあります。それはどの句ですか。記号で答えなさい。（5点）

（　　）

(3) 次の鑑賞《かんしょう》文に合う句をA～Fから選び、それぞれ記号で答えなさい。（6点）

① 何かに気を取られたためか、遠足の列が二つにとぎれてしまった。気がついて走り出し、また一列につながった。

② 夏の暑い日、草履を手に持って足を水にぬらしながら川をわたる。冷たい水の気持ちのよいことよ。

③ 人里はなれた一軒家をすぎると、もう人家もない。風が落ち葉をまい上がらせる中を、私《わたし》はただ一人行くのだ。

①（　　）②（　　）③（　　）

(4) Aの句から切れ字をぬき出しなさい。（5点）

（　　）

3 次の短歌を読んで、あとの問いに答えなさい。

A 春過ぎて夏来《きた》るらし白たへ《(え)》の衣干《ほ》したり天《あめ》の香具山《かぐやま》　持統天皇《じとうてんのう》

B 久方《ひさかた》の光のどけき春の日にしづ心なく花の散るらむ《(ん)》　紀友則《きのとものり》

C 秋来《き》ぬと目にはさやかに見えねども風の音にぞおどろかれぬる　藤原敏行《ふじわらのとしゆき》

D ふるさとの山に向《むか》ひ《(い)》て
言ふ《(う)》ことなし
ふるさとの山はありがたきかな　石川啄木《いしかわたくぼく》

(1) Aの歌は何句切れですか。最も適切なものを次から選び、記号で答えなさい。(5点)

ア 初句切れ　イ 二句切れ
ウ 四句切れ　エ 二句・四句切れ
（　　）

(2) 五・七・五・七・七の定型にとらわれずによまれた歌はどれですか。記号で答えなさい。(5点)
（　　）

(3) 次の鑑賞文《かんしょう》に合う歌をA～Dから選び、それぞれ記号で答えなさい。(9点)

① 日の光がのどかに照らす春の日なのに、なぜ桜の花は落ち着きなく散っていくのだろうか。春の日ののどかさとあわただしく散る桜の花の対照の妙《みょう》。

② ふるさとの山に向かっていると何も言うことはない。ただ、ふるさとの山はありがたいと思うだけだ。久しぶりの帰郷《ききょう》のときの気持ちをうたっている。

③ 目にはっきりとは見えないものの、風の音を聞いていると秋の訪《おとず》れに気づかされる。もう秋なのだなあ。

①（　　）②（　　）③（　　）

4 次の古文と現代語訳《やく》を読んで、あとの問いに答えなさい。

うつくしき物　瓜《うり》にかきたるちごの顔。雀《すずめ》の子の、ねずなきするにを《(お)》どりくる。二つ三つばかりなるちごの、いそぎてはひ《(い)》くる道に、いとちひ《(い)》さき塵《ちり》のありけるを、目ざとに見つけて、いとを《(お)》かしげなる指《および》にとらへ《(え)》て、大人ごとに見せたる、いとうつくし。頭《かしら》は尼《あま》そぎなるちごの、目に髪《かみ》のおほ《(お)》へ《(え)》るを、かきはやらで、うちかたぶきて物など見たるも、うつくし。おほ《(お)》きにはあらぬ殿上《てんじょう》わらは《(わ)》の、装束《しょうぞく》きたてられてありくも、うつくし。を《(お)》かしげなるちごの、あからさまにいだきて、あそばしうつくしむほどに、かひ《(い)》つきてねたる、いとらう《(ら)》たし。

〈現代語訳〉かわいらしいもの　うりにかいてある幼児《ようじ》の顔。雀の子が、（人が）ねずみの鳴き声をして呼《よ》ぶとおどるようにして近寄ってくる様子。二歳《さい》か三歳くらいの幼児が、急いではって来る途中《とちゅう》に、とても小さな塵があったのを目ざとく見つけて、とても愛らしい指でつまんで、大人などに見せたのは、実にかわいらしい。髪はおかっぱである幼児が、目に髪の毛がおおいかぶさっているのをかきはらいもしないで、首をかしげて何かを見ているのも、かわいらしい。

大きくはない殿上童《わらわ》が、装束をきちんと着せられて歩き回るのもかわいらしい。愛らしい幼児が、ちょっと抱《だ》いて遊ばせてあやしたりしているうちに、しがみついて寝《ね》たのは、たいそうかれんである。

(1) この作品は「枕草子《まくらのそうし》」という随筆《ずいひつ》です。作者の名前を次から選び、記号で答えなさい。（5点）

ア 紫式部《むらさきしきぶ》　イ 清少納言《せいしょうなごん》
ウ 紀貫之《きのつらゆき》　エ 和泉式部《いずみしきぶ》

（　　）

(2) ――線「うつくしき（うつくし）」は、現代語の「美しい」とは少し意味がちがいます。どういう意味ですか。現代語訳からぬき出して書きなさい。（5点）

（　　）

(3) 一つだけ「らうたし（かれんだ）」と言っているのは、どんなことについてですか。古文から四十字程度でぬき出し、初めと終わりの四字を書きなさい。（5点）

□□□□～□□□□

---

5 次の漢詩と現代語訳を読んで、あとの問いに答えなさい。

絶句《ぜっく》　杜甫《とほ》

江《こう》は碧《みどり》にして鳥は逾《いよい》よ白く
山は青くして花は然《も》えんと欲《ほっ》す
今春看《みすみす》又《また》過ぐ
何《いず》れの日か是《こ》れ帰年ならん

〈現代語訳〉
揚子江《ようすこう》の水の深緑に、鳥の白さがますますきわ立ち、
山の新緑にはえて、花は燃えるばかりに赤くあざやかである。
今年の春もみるみるうちに過ぎ去ろうとしている。
いったいいつになったら故郷に帰れる日が来るのだろうか。

(1) この詩の作者である杜甫と同じ時代の代表的な詩人を次から選び、記号で答えなさい。（5点）

ア 陶淵明《とうえんめい》　イ 蘇軾《そしょく》
ウ 朱熹《しゅき》　エ 李白《りはく》

（　　）

(2) 色を表す字を、漢詩の中から四つぬき出しなさい。（8点）

（　　）（　　）（　　）（　　）

(3) この詩にえがかれている作者の思いとして最も適切なものを次から選び、記号で答えなさい。（5点）

ア 望郷の思い。　イ 都に出たいという願望。
ウ 友人への思い。　エ 自然美への賞賛。

（　　）

総復習テスト ❶

時間 45分
合格点 70点
得点 　点

勉強した日 　月 　日

1 次の文章を読んで、あとの問いに答えなさい。

今、日本に残っているブナ林―白神《しらかみ》山地が最大

ブナ林が分布《ぶんぷ》する北限は北海道《ほっかいどう》の道南にある後志《しりべし》の黒松内《くろまつない》の平地です。また、九州鹿児島《かごしま》県の大隅《おおすみ》半島にある高隈山《たかくまやま》の海抜《かいばつ》一〇〇〇メートル付近にあるブナ林が南限となっています。本州はもちろんですが四国にも剣山《つるぎさん》から石鎚山《いしづちさん》にかけての四国山地に分布しています。こうしてみると、沖縄《おきなわ》県を除《のぞ》いたほぼ日本全土にわたって分布がみられます。しかし、ブナ林の古里は冷涼《れいりょう》な気候で積雪の多い地域《ちいき》ですから、本州の日本海側が中心になります。事実、石川《いしかわ》県、新潟《にいがた》県、山形《やまがた》県には立派《りっぱ》なブナ林が残っています。

［　　］、人里に近い所では姿《すがた》を消してしまい、かなり山奥《やまおく》まで行かないと見ることができません。まとまった面積で残っているブナ林は白神山地のものが最大ということになります。

それでは、どうして白神山地に広大なブナ林が今日まで残っていたのでしょうか。白神山地のある所は本州の北の端《はし》に近いところでした。日本の大きな消費地帯からかなり遠いところにあることは一目瞭然《いちもくりょうぜん》です。さらに、輸送の動脈ともいえる主要な国道や鉄道からもかなり隔《へだ》たったところにあります。伐採《ばっさい》した木は製材所に運び、製材された木材はさらに次の加工するところまで輸送しなければなりません。そのためには道路が必要になります。白神山地には比較《ひかく》的最近までそのような道路がありませんでした。道路の問題以外に、秋《あき》田《た》県には昔から秋田スギが、青森《あおもり》県ではヒノキアスナロ（ヒバ）という優良《ゆうりょう》な木がたくさんありました。

ですからブナのような価値《かち》の低い木を得るために巨額《きょがく》の費用をかけてまで道路を作る必要はなかったといえます。今世界遺産《いさん》になっている白神山地には、どういうわけか昔から一本のヒバもはえていなかったのです。こんなわけで、白神山地は見捨《みす》てられた山としてほおっておかれたのです。

（中略）

ブナ林保護と世界遺産登録―世界から注目される山地への変身

①白神山地が辺境《へんきょう》の地であり、そこはとりたてて珍《めずら》しい貴重《きちょう》な林でもなく昔から見慣れた普通《ふつう》のブナ林であったために、日本の高度成長による開発の嵐《あらし》から見捨てられていたことは前にお話ししましたね。一九八〇年代の初めごろ、日本の各地では自然環境《かんきょう》を守ろうという運動が活発になりだしていました。伐採などの人手が加わっていない白神山地のブナ林は、日本の各地に残っているブナ林のなかでもいちばん広いということに気づいた人たちがいました。前のところで書いたように、日本のブナは日本の固有の植物ですから、日本でいち

ばん広いということは、世界でも最大の広さのブナ林ということになります。そういうわけで、白神山地のブナ林を守ろうという保護運動の輪が全国的に広がっていきました。

それと同時に、各地のブナ林が急速に減少していることも皆《みな》が知るようになっていきました。古代から日本人の古里の森であった原風景としてのブナ林を、次の世代の君たちに遺《のこ》したいというブナの保護運動も起こりました。つまり、日本の近代化から取り残された白神山地のブナ林は、人びとがその大切さに気がついたときは日本一のブナ林となって、保護運動の最先端《さいせんたん》に踊《おど》り出《で》たのです。

昔は馴染《なじ》み深い庶民《しょみん》的であったものが、資源《しげん》の減少で少なくなって貴重になってしまった例は魚などでみられます。ブナ林もそれに似ています。しかし、もっと大事なことは、ブナ林は世界の気候帯のなかで比較的冷涼な冷温帯を代表する森林で、熱帯から亜《あ》熱帯のマングローブ林とかオーストラリアのユーカリ林、シベリアのタイガと呼《よ》ばれる針葉樹林《しんようじゅりん》などと対比できる森林だということです。そういう類《たぐい》の森林で、しかも世界一の広さで残っていることがすばらしいことといえます。

森林生態系《けい》保護地域に指定されて二年後の一九九二年、環境庁《ちょう》は原生的な山地の自然を守るために、白神山地を自然環境保全地域に指定しました。またこの年、日本は、ユネスコ総会で「世界の文化遺産と自然遺産の保護に関する条約」(世界遺産条約)が採択《さいたく》された一九七二年に遅《おく》れること二〇年にしてやっとこの条約を批准《ひじゅん》し、世界で一二五番目の加盟《かめい》国となりました。そして、日本初の世界自然遺産候補《こうほ》として白神山地と屋久島《やくしま》を推薦《すいせん》したのです。

その後、国際自然保護連合の現地調査をへて、一九九三年一二月、南米コロンビアのカリブ海に面した都市のカルタヘナで開かれた世界遺産委員会で、世界遺産リストに登録されました。自然保護やブナ林に関心のある人以外にはほとんど知られていなかった白神山地は、世界遺産登録を境に、日本はもちろんのこと世界中から注目される山地に変身したのです。

一九五五年以前の地図には白神山地の名前は載《の》っていませんでした。同じ場所には弘西《こうせい》山地と記載《きさい》されていました。遺産登録の少し前のころ、地元でも白神山地が自分たちの県内にあることを知っている人は多くありませんでした。縄文《じょうもん》スギで知られている屋久島の場合とは②対照的な道のりをたどってきた山地といえますが、遺産登録までは実に長い道のりでした。

(齋藤宗勝《さいとうむねかつ》「君たちへの遺産 白神山地」)

(1) □にあてはまる言葉を次から選び、記号で答えなさい。(10点) (　　)

ア すると　イ しかし　ウ つまり　エ ところで

(2) ══線「批准(批准する)」の意味として最も適切なものを次から選び、記号で答えなさい。(10点) (　　)

ア 否定《ひてい》する　イ 批判《ひはん》する　ウ 推薦する　エ 同意する

(3) ——線①「白神山地《しらかみさんち》が辺境《へんきょう》の地」であった理由として、適切でないものを次から選び、記号で答えなさい。(15点)

ア 木材に適さないブナ林であるため整備されなかったこと。
イ 輸送するための交通網《もう》が発達していなかったこと。
ウ 日本の中心的な消費地から遠いところにあったこと。
エ 良い木が他にもあり手をつけられなかったこと。

（　　）

(4) ——線②「対照的な道のり」とありますが、白神山地はどのような道のりだったのですか。最も適切なものを次から選び、記号で答えなさい。(15点)

ア ブナ林は重宝《ちょうほう》されなかったので、世界遺産《いさん》に登録されるまでに時間がかかった。
イ ブナ林は重宝されたが、世界遺産に登録されるまでに時間がかかった。
ウ もともと知名度が低かったので、保護されるまでに時間がかかった。
エ もともと知名度が高かったが、保護されるまでには時間がかかった。

（　　）

(明治学院中―改)

2 次の文章を読んで、あとの問いに答えなさい。

「私《わたし》」は、下宿先のお嬢《じょう》さんに恋《こい》していた。ところが、下宿に同居させていた友人Kは、お嬢さんに対する切ない恋心を「私」に告白した。「私」は先手を打つことにし、仮病《けびょう》を使って奥《おく》さん（お嬢さんの母親）と二人になり、お嬢さんとの結婚《けっこん》を申しこんだ。

「私は猿楽町《さるがくちょう》から神保町《じんぼうちょう》の通りへ出て、小川町《おがわまち》の方へ曲がりました。私がこの界隈《かいわい》を歩くのは、いつも古本屋をひやかすのが目的でしたが、その日は手づれのした書物などをながめる気が、どうしても起こらないのです。私は歩きながら絶えず家《うち》の事を考えていました。私にはさっきの奥さんの記憶《きおく》がありました。それからお嬢さんが家へ帰ってからの想像がありました。私はつまりこの二つのもので歩かせられていたようなものです。そのうえ私は時々往来のまん中で我知《われし》らずふと立ち留まりました。そうして今ごろは奥さんがお嬢さんにもうあの話をしている時分だろうなどと考えました。またある時は、もうあの話がすんだころだとも思いました。

私はとうとう万世橋《まんせいばし》を渡《わた》って、明神《みょうじん》の坂を上がって、本郷《ほんごう》台《だい》へ来て、それからまた菊坂《きくざか》をおりて、しまいに小石川《こいしかわ》の谷へおりたのです。私の歩いた距離《きょり》はこの三区にまたがって、いびつな円を描《えが》いたともいわれるでしょうが、私はこの長い散歩のあいだ、ほとんどKの事を考えなかったのです。今その時の私を回顧《かいこ》して、なぜだと自分に聞いてみてもいっこうわかりません。ただ①不思議に思うだけです。私の心がKを忘《わす》れうるくらい、一方に緊張《きんちょう》していたとみればそれまでですが、私の良心がまたそれを許すべきはずはなかったのですから。

Kに対する私の良心が復活したのは、私が家の格子《こうし》をあけて、玄関《げんかん》から座敷《ざしき》へ通る時、すなわち例のごとく彼《かれ》の部屋を抜《ぬ》けようとした瞬間《しゅんかん》でした。彼はいつものとおり机《つくえ》に向かって書見をしていました。彼はいつものとおり書物から目を放して、私を見ました。しかし彼はいつものとおり今帰ったのかとは言いませんでした。彼は『病気はもういいのか、医者へでも行ったのか』と聞きました。②私はその刹那《せつな》に、彼の前に手を突《つ》いてあやまりたくなったのです。しかも私の受けたその時の衝動《しょうどう》はけっして弱いものではなかったのです。もしKと私がたった二人曠野《こうや》のまん中にでも立っていたならば、私はきっと良心の命令に従《したが》って、その場で彼に謝罪したろうと思います。しかし奥には人がいます。私の自然はすぐそこで食い留められてしまったのです。そうして悲しいことに永久に復活しなかったのです。

　夕飯の時Kと私はまた顔を合わせました。なんにも知らないKはただ沈《しず》んでいただけで、少しも疑《うたが》い深《ぶか》い目を私に向けませんでした。なんにも知らない奥さんはいつもよりうれしそうでした。私だけがすべてを知っていたのです。私は鉛《なまり》のような飯を食いました。その時お嬢さんはいつものようにみんなと同じ食卓《しょくたく》に並《なら》びませんでした。奥さんが催促《さいそく》すると、次の部屋でただ今と答えるだけでした。それをKは不思議そうに聞いていました。しまいにどうしたのかと奥さんに尋《たず》ねました。奥さんはおおかたきまりが悪いのだろうと言って、ちょっと私の顔を見ました。Kはなお不思議そうに、なんできまりが悪いのかと追窮《ついきゅう》しにかかりました。奥さんは微笑《びしょう》しながらまた私の顔を見るのです。

（夏目漱石《なつめそうせき》「こゝろ」）

(1) ＝＝線「ひやかす」のここでの意味に合うものを次から選び、記号で答えなさい。（10点）

ア 冗談《じょうだん》を言ってからかうこと。
イ 品物を水などにつけて冷たくすること。
ウ 買いたい物を探《さが》し回《まわ》ること。
エ 買う気がないのに売り物を見て回ること。

（　　）

(2) ――線①「不思議に思う」とありますが、散歩のあいだKのことを考えなかったことを「私」が不思議に思ったのはなぜですか。その理由を述べた次の文中の□にあてはまる二字の言葉を、文章中からぬき出しなさい。（10点）

・「私」の□が、Kのことを忘れることを許すはずがなかったから。

□□

(3) ――線②「私は……あやまりたくなったのです。」とありますが、結局「私」がKに謝罪しなかったのはなぜですか。本文中の言葉を使って書きなさい。（15点）

（　　）

(4) 夕飯のときの「私」の重苦しい心情を、たとえを使って表現している一文をぬき出しなさい。（15点）

（　　）

総復習テスト ❷

時間	合格点	得点	勉強した日
35分	70点	点	月　日

1 次の文章を読んで、あとの問いに答えなさい。

三学期になると博士《ひろし》は学級委員長を退任した。博士とサンペイ君が無視《むし》されているのには変わりなかったけれど、委員長の役がなくなったことで博士の気持ちはぐっと楽になった。別に卒業まで今のままでも、まあ、なんとかやっていけるだろう。そんなふうに思っていたところ、新年最初の学活で、新委員長の小林さんが突然《とつぜん》言ったのだ。

「中田君と大窪《おおくぼ》君がのけ者にされているのはよくないと思います。まずそのことをみんなで話し合いたいです」

小林さんは博士と同じ新興住宅《じゅうたく》地に住んでいる女子だった。ミニバスの中心選手だったし、活発で、正義感が強かった。そういえば二学期中、博士が委員長だった頃《ころ》、よく発言して助けてくれた。また、普段《ふだん》もなにかと気に掛《か》けてくれるところがあった。

しーんと凍《こお》り付《つ》いたみたいな雰囲気《ふんいき》。小林さんの発言に誰《だれ》も反応せず、ただ、誰かが何かを言うのを待っているような感じだった。

沈黙《ちんもく》を破ったのは、柿崎《かきざき》先生だった。黒板の脇《わき》にある先生用の机《つくえ》の前で急に立ち上がり、「おまえら、①それは本当か」と野太い声で言った。「おい、中田、大窪、本当なのか」

本当です、と博士は声が出そうになった。でも、舌がカラカラに乾《かわ》いて、口が動かなかった。サンペイ君は心ここにあらずで、窓《まど》の外を見ていた。こんな時にも相変わらずなのだ。

「ま、本人にはこういうのは言いにくいものだな。小林、もう少し詳《くわ》しく話しなさい」

「二学期の間、ずっとだったんです。最初は内山君が――」

その瞬間《しゅんかん》、クラスの視線が福ちゃんに集まった。福ちゃんは、視線を宙《ちゅう》に泳がせて、なんとなくそわそわした様子だった。

「なんだ、内山がどうかしたのか」と柿崎先生。

「そんなことありません」と声がした。

サンペイ君だった。すごく毅然《きぜん》としていて、いつものサンペイ君じゃなかった。博士だけが知っている、クールで自信満々で、ものに動じないサンペイ君だった。

「委員長の誤解《ごかい》です。②ぼくと内山君は仲がいいです」

「中田も、大窪も、別に仲間はずれになっているわけじゃないのだな」

「はい、ぼくたちは仲間はずれにされたりしてません」

「なら、いい。小林、さっさと席替《せきが》えのこととか、決めてしまえ」

先生の発言で、ふっと空気が弛《ゆる》んだ。あきらかにほっとした感じだった。クラスのみんなは自分たちも共犯だと分かっていて、それがばれるのはやっぱり嫌《いや》なのだ。

小林委員長はこわばった顔で、しばらく議事を続けた。でも、すぐにあきらめたみたいにため息をつき、そこから後はいつもの彼女《かのじょ》に戻《もど》った。

放課後、博士とサンペイ君が校門から出ると、福ちゃんが後を追ってきた。「ちょっとこっちへ」と道端《みちばた》の自動販売機《はんばいき》の脇に引っ張っていって、口元を震《ふる》わせながら、「なんで、ナカタがおれをかばうんだべ」と詰問《きつもん》した。

「かばったわけではないのだよ」とサンペイ君が返した。

「かばったべ」

「かばってはいないのだ」

なんだか押《お》し問答《もんどう》になってくる。

「*昼休み、ナカタがどこにいるかみんな知ってるべ。あんな小さな池に大きな魚なんかいるもんか。馬鹿《ばか》じゃねえのか」

「馬鹿じゃないのだ。あそこにはヌシがいるのだ」

「おれが先生にチクるなって言っておいてやらなきゃ、どうなるか分かってるべ」

福ちゃんは、やけを起こしたような言い方だった。

「かばってくれて、ありがとう。でも、ぼくはきみとはあまりかかわりたくないのだ。だから、無視されると逆にありがたいのだ」

「そうか、わかった。ならいい」

③福ちゃんは、くるりと背中《せなか》を向けた。

「ねえ、いいの、あんなこと言って」博士はサンペイ君を見た。

「ああ、これでいいのだ」

博士にはそうは思えなかった。去っていく福ちゃんの背中を追いかけた。

「ごめん、福ちゃん、サンペイ君はああだから……」自分でもなぜ謝《あやま》っているのか分からなかったけど、つい博士は謝っていた。

「馬鹿にしてるべ」

福ちゃんは立ち止まって博士を見た。

「ハカセも、ナカタも、おれのこと馬鹿にしてるべ」

「そんなことないよ」

「いや、馬鹿にしてる」

「してない」

ここでも押し問答になってしまった。

「サンペイ君はすごいんだ。福ちゃんが仲良くしてくれたら、みんなサンペイ君のこと、よく分かると思うのに。本当にすごいし、おもしろいんだから。福ちゃんが言っていた、ほら話だって、本当に本当なんだから」

「本当だったら、すごいのか。おれらには関係のない話だべ。あいつも、あいつのおじさんも、勝手に月でも火星でも行けばいいべ」

博士には福ちゃんがなんで、そんなにサンペイ君を目の敵《めかたき》にするのか分からなかった。先生だって夢を見ることはいいことだって言うじゃないか。サンペイ君が大きなことを言ったりするのって、そんなに悪いことなんだろうか。

（川端裕人《かわばたひろと》「今ここにいるぼくらは」）

＊昼休み……中田（サンペイ君）は昼休みになると、みんなと遊ぶこともなく学校をぬけ出し、近くの瓢簞池《ひょうたんいけ》で釣《つ》りをしていた。

(1) ═線「目の敵」の意味として最も適切なものを次から選び、記号で答えなさい。（15点）

ア 何かにつけて、にくらしく思うこと。
イ 細かいことまで注意すること。
ウ 何から何まで要求すること。
エ 常に勝負をいどんでいくこと。

（　　）

(2) ──線①「それ」が指しているのはどういうことですか。本文中の言葉を使って、十字以内で書きなさい。（25点）

(3) ──線②「ぼくと内山君は仲がいいです」とありますが、サンペイ君はなぜこのように言ったのですか。本文中の言葉を使って、二十字以内で書きなさい。（35点）

(4) ──線③「福ちゃんは、くるりと背中《せなか》を向けた。」とありますが、このときの福ちゃんの気持ちとして最も適切なものを次から選び、記号で答えなさい。（25点）

ア 助けてもらえたのはうれしいが、今までのいきさつから、どう感謝すればいいか分からずとまどっている。
イ 自分のことをかばうような発言をしたサンペイ君の真意がどうしても理解できず、いらだっている。
ウ 正直に自分がやったことだと名乗り出ようとしていたところに水を差され、腹立《はらだ》たしさをおさえられずにいる。
エ サンペイ君の考え方は理解できたものの、自分の考えとは違《ちが》い、話してもむだだとあきらめている。

（　　）

（日本大第一中─改）

小学6年

解答

国語 読解力／標準問題集

1 言葉の意味

●2・3ページ（ステップ1）

❶ (1)渡る世間に鬼はない（渡る世間に鬼はなし）

(2)ウ

(3)(例)上手

考え方 (1)意味は、「世の中は無情の人ばかりではなく、困《こま》ったときに助けてくれる情け深い人もいるということ」です。(2)「急がば回れ」の意味は、「危険《きけん》な近道よりも、遠くても安全な道のほうが、結局は早く着く」です。ことわざには、たがいに似た意味のもの、反対の意味のものがあります。「好きこそものの上手なれ」と「下手《へた》の横好き」なども、たがいに反対の意味を表すことわざです。まとめて覚えておくとよいでしょう。(3)「弘法にも筆の誤り」の「弘法」は、弘法大師という昔のえらいお坊《ぼう》さんのことで、書道の名人として知られていました。そんな名人でも「筆の誤り（書き損じ）」はあるという意味です。

ここに注意 主なことわざ

ことわざとは、昔から言いならわされている短い言葉で、人々の間で現在まで伝え続けられてきたものです。

・案ずるより産むが易《やす》し…実際にやってみると、初めに心配していたよりも意外に簡単《かんたん》にできるものだ。
・石の上にも三年…何をするにも、しんぼうやがまんが大事だということ。
・馬の耳に念仏…馬にありがたい念仏を聞かせてもわからないように、どんなに言ってもききめがないこと。
・鬼に金棒《かなぼう》…強いものがさらに強くなること。
・転ばぬ先のつえ…前もって用心することが大切である。
・三人寄れば文殊《もんじゅ》の知恵《ちえ》…平凡《へいぼん》な人でも、三人も集まって考えればよい考えがうかぶものだということ。
・他山の石…他人の言動を見て、自分をみがく助けにすること。
・月とすっぽん…ちょっと見は似ているが、内容はまるでつり合わないもののたとえ。
・出るくいは打たれる…飛びぬけてすぐれた人は、ねたまれたり、じゃまされたりするということ。
・灯台もと暗し…身近なことはかえってわかりにくいということのたとえ。
・泣《な》きっ面《つら》にはち…悪いことにさらに悪いことが重なること。
・情けは人のためならず…人に親切にすれば、めぐりめぐってやがて自分にもよいことがある。
・類は友をよぶ…性質が似たものは、おたがいに寄りそうものだ。
・論《ろん》より証拠《しょうこ》…いくら議論をするより、証拠を見せた方が説得力がある。

ひっぱると、はずして使えます。

❷ (1)イ

(2)(例)性別

考え方 (1)「この服は高い」の場合の「高い」の対義語は、「安い」（この服は安い）になります。(2)他に対義語が複数ある例としては、「うまい」に対する「下手」「まずい」などがあります。

❸ (1)ア

(2)エ

考え方 (1)「一寸先は闇」は、「将来《しょうらい》のことはちょっと先でも予測できないことのたとえ」です。(2)「五里霧中」は、深い霧《きり》の中で方角がわからなくなることから、事情がわからずどうしてよいかわからなくなる状態のたとえに使われます。「五里霧」というのは、五里（約二十キロメートル）四方に立ちこめる霧のことです。

ここに注意 主な故事成語

昔から伝えられてきた教訓的な話をもとにしてできた言葉です。

・五十歩百歩…

戦場で五十歩にげるのも百歩にげるのもたいしたちがいはないということから、大きな差がないことをいう。
・漁夫の利…
シギとハマグリが争っているうちに両方とも漁師にとられてしまったことから、二つの勢力が争う間に第三者が利益を得ることをいう。
・助長…
苗《なえ》の成長を助けようとして引っ張って枯《か》らせてしまったことから、助けようとして余計なことをしたため、かえって害を与《あた》えてしまうことをいう。ただし現在では、第三者が、物事がよりよくなるように助けることにも使われる。
・四面楚歌《しめんそか》…
楚の項羽《こうう》が漢《かん》の劉邦《りゅうほう》の軍に囲まれたとき、漢軍の中から楚の歌が聞こえてきたために、楚の民の多くが劉邦に降伏《こうふく》したと思ったことから、敵の中に孤立《こりつ》して助けのないことのたとえ。

4 (1)主観的
(2)（雲が散り、霧《きり》が消えるように）物事があとかたもなく消えてなくなること。

考え方 (1)「客観的」とは、「だれもがそうだと納得《なっとく》できるような立場から物事を見るさま」という意味。それに対して「主観的」は、「自分だけの見方や感じ方にとらわれているさま」という意味です。主な対義語は、意味といっしょに覚えておくとよいでしょう。(2)「長い間のなやみが、先生の一言で雲散霧消した。」などのように使います。

ここに注意 主な対義語の例
・安全―危《き》険《けん》
・過去―未来
・肯《こう》定《てい》―否《ひ》定《てい》
・集合―解散
・上《じょう》昇《しょう》―下《か》降《こう》
・進化―退化
・積極―消極
・単《たん》純《じゅん》―複雑
・当選―落選
・入場―退場
・否決―可決
・平和―戦争
・保守―革《かく》新《しん》
・楽観―悲観
・原因―結果
・延《えん》長《ちょう》―短《たん》縮《しゅく》
・権利―義務
・収《しゅう》益《えき》―損失
・収入―支出
・勝利―敗北
・成功―失敗
・増加―減少
・長所―短所
・苦手―得手
・発信―受信
・必然―偶《ぐう》然《ぜん》
・豊富―欠《けつ》乏《ぼう》
・予習―復習
・理想―現実
・生産―消費

●４・５ページ（ステップ２）

1 (1)①イ　②イ
(2)（例）つかみ

考え方 (1)①「新しいエネルギーを開発する画期的な研究。」、②「いきなり文句を言われて面食らった。」などのように使います。(2)「とらえ」などでも正解です。このような「慣用句」には、「水のあわ」（（例）長年の苦労が水のあわになってしまった。）、「竹を割《わ》ったよう」（（例）かれは竹を割ったような性格だ。）などのほか、「手も足も出ない」（（例）力の差がありすぎて、手も足も出ない。）のように、体の一部が入ったものが多くあります。まとめて覚えておくとよいでしょう。

ここに注意 主な慣用句(1)
二つ以上の語が結びついて、もとの語の意味とは全くちがう意味を表す語。体の一部を使ったものが非常に多いことが特徴《とくちょう》です。
・手がつけられない…どうにもほどこす方法がない。
・手取り足取り…親切、ていねいに教えてあげる様子。
・手に余る…自分の力ではどうにもできない。
・足が出る…出費が予算をこえてしまう。
・足もとを見る…人の弱みにつけこむ。
・目がない…非常に好きである。
・目に余る…ひどすぎて、だまって見ていられない様子。
・鼻が高い…得意である。
・鼻につく…あきていやになる。
・口が軽い…何でもすぐにしゃべる。
・口車に乗る…うまい話にだまされる。
・耳が痛《いた》い…聞くのがつらい。
・顔が広い…多くの知り合いがいる。
・舌を巻《ま》く…とてもおどろく様子。
・首を長くする…待ちわびる。
・腹《はら》を割る…本音で話す。
・猫《ねこ》の額…非常にせまい様子。

・犬猿《けんえん》の仲…非常に仲の悪い様子。
・油を売る…おしゃべりをしてなまける。
・えりを正す…心を引きしめる。
・きもをつぶす…非常におどろく。
・高をくくる…たいしたことはないと見くびる。

2 (例)①代々続いている有名な店。②売り物にしないもの。

考え方　どちらも日常生活でよく耳にする言葉です。意味がわからない言葉に出会ったときは、すぐに辞書を引くくせをつけるとよいでしょう。

2 指示語・接続語をおさえる ……

● 6・7ページ（ステップ1）

❶ ①県大会に進むこと。②くじ運

考え方　指示語（こそあど言葉）は直前の文や段落《だんらく》の言葉、内容を指し示していることが多いので、まずは指示語の前の部分から探《さが》すようにしましょう。

ここに注意　指示語の働き
指示語とは、物事・方向・場所などを指し示す働きをする言葉で、
これ・それ・あれ・どれ
この・その・あの・どの
などがあり、「こそあど言葉」とも言います。
指示語が指し示す内容は、多くの場合、その指示語より前にあります。指し示している内容が見つかったら、指示語の部分に置きかえてみて、意味が通るかどうか確認《かくにん》しましょう。

❷ ①ウ　②エ　③イ

考え方　接続語（つなぎ言葉）は、前後の文や段落どうしがどういう関係になっているかで判断します。①では、前の「部屋の窓から庭とその向こうに広がる海をながめるのを日課としている」ことが原因となって、あとの「リスを見ることになる」に続いているので、順接の働きをもつ接続語「すると」が入ります。②では、前で「ほのぼのとした風景である」と言っているのに、あとでは「いいことばかりではない」となっており、前後で食いちがった内容になっているので、逆接の働きをもつ接続語「だが」が入ります。③では、前の内容にあとのことを付け加えているので、添加《てんか》の働きをもつ接続語「また」が入ります。

ここに注意　接続語の働き
接続語となるのは主に接続詞《し》です。接続詞とは、前後の語と語、文と文、段落と段落などをつなぐ働きをする言葉のことです。
○順接…前の事がらが原因となって、あとの結果となることを表す。
それで・だから・そこで・すると・したがって・それだから
○逆接…前に述べたこととあとに述べることが、つながりの上で逆になることを表す。
しかし・だが・ところが・けれども・だけど・でも・それでも
○並立《へいりつ》…二つ以上を並《なら》べる。
また・および・ならびに
○添加…付け足す。
そして・しかも・その上・また・それから・おまけに
○選択《せんたく》…二つ以上の中から一つだけを選ぶ。
または・あるいは・それとも
○説明…前の事がらについて、説明したり、補足《ほそく》したりする。
つまり・なぜなら・すなわち・ただし
○転換《てんかん》…話題を変える。
ところで・さて・ときに

❸ (1)蜘蛛の糸　(2)ウ

考え方　(1)指し示している言葉が見つかったら、その言葉を指示語の部分に置きかえてみて、意味が通れば正しいことが確認できます。この場合は、「まっすぐに蜘蛛の糸をおろしなさいました」となって意味が通っているので、正しいことがわかります。(2)「その上」は、「また」と同じく添加の働きをもつ接続語です。

❹ イ

考え方　「つまり」は、説明の働きをもつ接続語です。同じ働きをもつ接続語には「なぜなら」「すなわち」などがあります。この場合のように、形式段落の初めにある接続語は、段落どうしの関係をとらえる重要なヒントになるので、特に注意が必要です。

● 8・9ページ（ステップ2）

1 (1)①偶然と混沌に秩序を与えたいという気持ち。②（世の中の暗黙の約束ごとへの）妥協。③文章を書くということ。
(2)イ

考え方 (1)③指示語の部分に指し示している部分を入れかえてみると、「文章を書くということは一つの冒険なのだ」となって、意味が通っています。(2)□の前では「言葉は社会共有のもの」であるといっていますが、あとでは「社会共有のものであると同時に個人のもの」だといっています。前とあととで食いちがう内容になっているので、□には逆接の接続語が入ります。

2 (1)汽車の弁当や旅館の料理。
(2)①エ　②イ

考え方 (1)「それら」と複数の形になっているので、指し示すものも複数あることがわかります。(2)①のあとには「中国料理でもそうです。」と、前の内容に付け足す内容がきているので、①には添加の働きの接続語「また」が入ることがわかります。②では、前に「簡単にやれる」とあるのに、あとでは「そうはいかない」とあって、前後で逆の内容になっているので、逆接の働きをもつ接続語「ところが」が入ることがわかります。

● 10〜13ページ（ステップ3）

1 (1)呪術や宗教や哲学。
(2)エ
(3)①イ　②ア　③ウ
(4)信頼してきた科学への信頼が失われたこと。

考え方 (1)「それら」ですから、複数の物事を指し示していることがわかります。「哲学」を落とさないように注意しましょう。(2)「単純明快な回答が返ってきた。」のように使います。「単純」と「明快」という二つの二字熟語《じゅくご》を組み合わせてできた四字熟語です。(3)①の前では「失われたものはさまざまでしょう」とあり、あとでは「最も大きな喪失感の核となっているのではないでしょうか」とあります。前の内容に反する内容があとにきているので、①には逆接の働きをもつ接続語「しかし」が入ります。②のあとでは「なぜ、科学との隔絶感が、われわれをかくも絶望させるのでしょうか。」と、前の内容を受けて、新しい疑問が出されています。したがって、②には転換《てんかん》の働きをもつ接続語「では」が入ります。③のあとでは「科学が神のような存在になっているということです。」とあり、前の内容に説明を加えているので、③には説明の働きをもつ接続語「つまり」が入ります。(4)「それ」は、直前の段落にある「多くの人々にあっては、『科学』はまぎれもなく宗教の位置を占めつつある」という言葉を指し示しています。それを簡潔に表せば、「科学への信頼」ということになるでしょう。

2 (1)①ウ　②エ　③イ
(2)エ
(3)イ
(4)芸術作品の中にあらわれる人間とか現実。

考え方 (1)①の前では「そんなことはあるまい。」とあり、あとでは「やっぱりそうか」とあります。①の前後で逆の内容になっているので、①には逆接の働きをもつ接続語「ところが」が入ります。②のあとでは「〜わけだ。」とあり、前の内容に説明を加えていることがわかります。したがって、②には説明の働きをもつ接続語「つまり」が入ります。③には時間の経過を表す「やがて」が入ります。「やがて」は副詞で、「そのうちに。間もなく。」といった意味を表します。(2)「計画だけで実現できなければ絵にかいた餅だ。」のように使います。(3)「枯れ木も山のにぎわいといいますから、われわれもパーティーに参加させてもらってもよろしいでしょうか。」のように使います。(4)同じ文中の直前の部分を指し示しています。

ここに注意 副詞の働き

副詞は、主に動詞・形容詞・形容動詞を修《しゅう》飾《しょく》する言葉です。

○状態を表す副詞
・休日はのんびり過ごす。
・赤ちゃんがすやすや寝《ね》ている。
・風がビュービュー吹《ふ》きつける。

○程度を表す副詞
・塩味が少し足りない。
・朝からかなり歩いた。
・アラスカの冬は非常に寒い。

○あとにくる語と呼応《こおう》する副詞
・私は決して負けない。
・どうぞうちへおいでください。
・今日の雨は、まるで台風のようだ。
・たぶん昼までには着くでしょう。
・もしよかったら、私がやります。
・なぜ空は青いのか。

3 心情を読み取る

• 14・15ページ（ステップ1）

❶ (例)はずかしく

考え方 なんとかしてソックスのあなをかくそうとしている「僕」の様子から考えます。「はずかしく」と同じような意味で、字数が合っていれば正解とします。

❷ 人間の生活用にはできていない部屋

考え方 「おみこし」「病院の屋上の、小さなゴチック風の塔のてっぺんにある小さな小さな部屋」「かちどき橋のまん中あたりにある小屋」などをまとめていっている言葉です。

❸ ジャノメとすしの区別がついていなかった

考え方 「ジャノメということばはすしと直結していて」という部分も同様の意味ですが、□にはあてはまりません。

❹ (1)当日にな (2)気が気でない

考え方 (1)「朝飯も食わずに」家をとび出したところに、修学旅行に少しでも早く参加したい「自分」の気持ちが表れています。(2)「心がせく」も「気が気でない」も、何かが気にかかって落ち着かない気持ちを表す言葉です。

ここに注意 心情の読み取り方

心情とは、心の中で感じているもののことです。物語を理解するためには、登場人物の心情を読み取ることが重要となります。心情を読み取るためには、次のようなところに注目します。

○登場人物の気持ちが直接書かれたところ
(例)かれは喜びのあまり、思わず飛び上がりました。

○登場人物の動作や表情などから心情がわかるところ
(例)妹は鼻歌を歌い、スキップをしながら庭に入って来ました。

○登場人物の言った言葉や言い方から心情がわかるところ
(例)「これだけ言ってもわかってくれないのか。」

• 16・17ページ（ステップ2）

1 (1)①境界 ②個別 (2)一体感 (3)エ

考え方 (1)すぐあとの「それって、ツブツブは」から、段落《だんらく》の終わりの「淋しい。」までで、「雲の方がよいと思った理由」を説明しています。「せっかく」で始まる文から、あてはまる言葉をぬき出しましょう。(2)直前に「お互いに混じりあい、揺れあい、みんなでひとつだ。」とあります。この「みんなでひとつ」という感覚が「一体感」です。(3)この部分の前で、ミライはママの病気を治す方法を、熱心に「ぼく」に説明しています。

2 その道を

考え方 「広々と薄ら寒い海」という表現に、良平の心細い心情が投影《とうえい》されています。

4 心情の移り変わりをつかむ

• 18・19ページ（ステップ1）

❶ すがすがしさ

考え方 「ぼく」は、お母さんを助ける小さな女の子を見て、自分の部屋のそうじすらいやがることをはずかしく思いました。家にもどってそうじをしたことで、いやな気持ちやはずかしさをぬぐい去ったような、「すがすがしさ」を感じたのです。

❷ 人の心は医学では救えない

考え方 人々の精神を変えるには文学の力が必要だと考えたのです。「中国の人々の精神を治療する」でも正解とします。

❸ ア

考え方 姉に一泊旅行をやめてもらうかもしれないと言われて、イライラして皿を割ってしまった行動から考えます。結局、旅行に行くことができ、気持ちにゆとりが生まれたことで、「僕」に反省の気持ちが起きたのです。

ここに注意 心情の移り変わりのとらえ方

登場人物の心情の移り変わりを読み取るためには、次のようなことに注目します。

○登場人物の心情の変化が直接書かれたところ

(例)私《わたし》は以前のわがままだった自分を心から恥《は》じた。

○登場人物の態度、動作、表情から心情の変化が読み取れるところ

(例)彼女《かのじょ》は初めて顔を上げ、彼《かれ》に向かってにっこりとほほえみかけた。

○登場人物の言葉や言い方から心情の変化を読み取れるところ

(例)「おまえらの望みはかなったぞ。おまえらは、わしの心に勝ったのだ。信実とは、決して空虚《くうきょ》な妄想《もうそう》ではなかった。どうか、わしも仲間に入れてくれまいか。」

（太宰《だざい》治《おさむ》「走れメロス」）

● 20・21ページ（ステップ2）

1 (1)(例)野球をするなら、試合に出て活やくしなければ意味がないと考えるところ。

(2)(例)野球は自分だけのためにするものではないと知り、試合にこだわるのはまちがいだと考えるようになった。

考え方 (1)由美が冷泉を訪《たず》ねた目的がヒントになります。「雑用ばかりして試合に出られない茂を見た」ことがきっかけになっています。(2)冷泉が語った夫・悟とのエピソードによって、由美は自分のまちがいに気づかされたのです。

5 原因・理由をおさえる

● 22・23ページ（ステップ1）

❶ ・コーヒーが好物だから。

・仕事部屋にこもりきりで気持ちが煮つまるのを防ぐため。

考え方 最初の段落《だんらく》に、理由が二つ書かれています。「かえって仕事もはかどる」のは理由ではなく、結果である点をおさえましょう。

❷ 地殻変動説・巨大隕石衝突説・形態が特殊化しすぎて環境の変化についていけなくなったという説

考え方 恐竜絶滅《ぜつめつ》の原因についての諸説は、後半の段落に書かれています。

❸ ・教室のなかに、顔も知らない、おかしな赤い髪の子供がいて、一番前の机に坐っていたから。

・赤い髪の子供が坐っている机が、二人のうちの一人の机だったから。

考え方 「おかしな赤い髪の子供」がこわかったこと、しかもその子が坐っているのが自分の机であることがおそろしかったのです。

❹ (例)葉っぱを動物に食われないように毒をもつようになった。

考え方 順を追ってわかりやすく説明されています。毒は植物が葉っぱを守るための防衛手段であることを理解しましょう。

ここに注意 原因・理由のとらえ方

物語やエッセイ（随筆《ずいひつ》）などの文学的な文章を読むときも、説明文や論説《ろんせつ》文などの説明的文章を読むときも、原因・理由を読み取ることが、文章を理解する上で重要になります。次のようなことに注意して、原因・理由をとらえましょう。

○直接的な表現で書かれているところに注意する

(例)失敗の原因は、準備にあまりに時間がかかりすぎたことだ。

○接続語などに注意する

特に説明の働きをもつ接続語（なぜなら・つまり・すなわちなど）に注目しましょう。

(例)なぜなら、私は以前、二度と故郷《こきょう》には帰らないとちかったからだ。

○文末表現に注意する

「〜からだ。」「〜というわけだ。」など、原因や理由を述べていることがわかる表現に注目しましょう。

(例)近年、地球の温暖《おんだん》化が進行しているのは、二酸化炭素やメタンなど温室効果のあるガスが増えているからだ。

● 24・25ページ（ステップ2）

1 (1)エ

(2)(例)専門の事柄は深く知っているくせに、一歩専門を外れると赤ん坊と同然である

考え方　(1)エの内容は最近の傾向として述べられたもので、若者の理科離れの「いくつもの理由」として筆者が挙げた中にはふくまれません。(2)直前の部分から読み取ります。「科学主義の野蛮性」とは、非難《ひなん》をこめた表現であることを理解しましょう。

2 云い訣をする

考え方　冷かされて言《い》い訳《わけ》をするのがよけいにおかしかったのです。

● 26〜29ページ（ステップ3）

1 (1)イ

(2)ア

(3)エ

(4)①悔しい　②侮辱

考え方　(1)「一段落」には、「文章のまとまった一部分」、「ひとくぎり」などの意味があります。このように言葉には複数の意味をもつものが多いので、文脈にそって意味をとらえることが大切です。(2)「ちゃんづけで呼んだ」とあるので、ふだんとはちがう呼び方であることがわかります。美咲はふだんとちがう呼び方をすることで、怒りを理穂だけに伝えようとしたのです。(3)前後の展開から考えましょう。美咲の怒りの原因を作った友迫さんは出て行ってしまい、病室に美咲と二人きりになってしまったことで、理穂は美咲の怒りを一人で受け止めなければならなくなったのです。(4)理穂は初め、「これは屈辱だ。美咲にとって、安易な同情ほど屈辱的なものは、ない。」と思っていました。その後の美咲の激しい怒りを見て、さらに「あたしも美咲を侮辱した。優しい親友の役を拒否できなくて、のこのこついてきた。最低だ。」と気づいたのです。

ここに注意　主な多義語

多義語とは、使われ方によっていくつもの意味をもつ言葉のことです。

○あがる
・二階に上がる。…高い所に移る。
・仕事は三十分で上がる。…終わる。
・大勢の前で上がる。…緊張《きんちょう》でぼうっとなる。

○かける
・窓《まど》にカーテンをかける。…付ける。
・コンロになべをかける。…上に乗せる。
・保険をかける。…かけ金をはらう。
・気にかける。…心配する。
・苦労をかける。…他人に負わせる。

文章の中での意味は、前後の文脈から判断するようにしましょう。

2 (1)①旅は読書と　③インド人に

(2)(例)文明の歴史は、人びとが自分の世界を大きくすることによって文化を発展させてきたことを教えている（ということ。）

考え方　(1)①直後に「言うまでもあるまい。」とあるので、そのあとに「旅が読書とひとしい意味を持つ」理由が述べられていることがわかります。③直後の文の文末が「〜からだというのである。」となっていることから、理由を述べた文であることがわかります。(2)旅は「小さな自分の世界を大きくする」→「人びとが井戸から脱けだす（自分の世界を大きくする）ことによって文化を発展させてきた」という文脈を理解しましょう。

6 段落の構成をつかむ

● 30・31ページ（ステップ1）

❶ 3

考え方 「〜だと考えられる。」という文末表現から、筆者の考えが述べられているとわかります。

❷ ア

考え方 1の段落で話題を提出し、2〜4の段落で話題について論《ろん》を進め、5の段落で意見を述べてまとめている。

❸ (1)1…目標を決めていたこと。
3…すぐに効果が出なくても焦らなかったこと。

(2)1の補足…2
3の補足…4

考え方 (1)1「コツの一つは、〜」、3「二つ目は、〜」という文の形から「〜」の部分に「コツ」の内容が述べられていることがわかります。(2)この文章は、1と3で英語の勉強をやめなくてすんだコツを述べ、2と4でそれぞれ補足し、5でその結果について述べるという構成になっています。

ここに注意 段落の構成のとらえ方

段落には形式段落と意味段落があります。文章を書くときはまとまりごとに行を変えますが、この行が変わるまでのひとまとまりが形式段落です。一方、内容のまとまりによって、いくつかの形式段落をまとめたものが意味段落です。段落の構成を考えるときは、意味段落で考えるのがふつうです。

○意味段落の見分け方
・一字下げて書いてあるところを目印にして、形式段落を見つける。
・形式段落の内容をとらえ、接続語などをヒントにして内容がつながっているかどうかを考える。内容がつながっているひとまとまりが意味段落になる。

○全体の構成のとらえ方
・意味段落どうしの関係を考えるときも、接続語が大きなヒントとなる。段落の区切りでは、次のような接続語が使われることが多い。
〈順接〉だから・すると・それで
〈逆接〉しかし・けれども・ところが
〈説明〉要するに・つまり

● 32・33ページ（ステップ2）

❶ (1)エ
(2)6・8

考え方 (1)あとに、「『シビ』は、『しびれる』状態を強調している」「有毒物質が含まれており」とあることから、ア・イ・ウはあてはまらないことがわかります。(2)この文章は、「1―2・3・4・5―6・7・8―9」という構成になっています。

❷ (1)①イ　②ウ
(2)どのような

考え方 (1)「あえて漢字を使わないという配慮がなされる場合もあります。」が事実、「『障がい者』という書き方」がその例です。(2)文末の「でしょう。」という形から、筆者の考えを述べた文だということがわかります。

7 主題をとらえる

● 34・35ページ（ステップ1）

❶ イ

考え方 「時間は流れ続ける。そして、人は決してとどまることはできないのである。」という最後の部分から考えましょう。

❷ ものすごく寒い所に行ってみたいと思う。

考え方 最初の一文が主題を示しています。第一段落《だんらく》の残りの文には具体的な場所が、第二段落の文章にはその理由が述べられています。

❸ 他者

考え方 サングラスから話題に入っていますが、「なぜならこれも一種のメイクだからだ。」という一文によって、文章の主題が広く「化粧することの本質」にあることがわかります。

❹ 教訓というものは

考え方 最初に「教訓」についての筆者の感じ方が語られ、次にそれにまつわるエピソードが続き、最後に筆者の考えが述べられるという構成になっています。筆者がその文章全体を通じて最も述べたいことが主題となります。

ここに注意 主題のとらえ方

作者（筆者）が、その文章をとおして言わんとしている考えの中心を、文学的文章では主題、説明的文章では要旨《ようし》といいます。主題をとらえるためには、次のようにします。

○物語など

主人公の心情や考え方の変化に注目します。どういうきっかけで、なぜ変化が起きたのかを考えていくと、作者のうったえたいこと（主題）が見えてきます。

○エッセイ（随筆《ずいひつ》）など

さまざまな出来事・物事に対する筆者の思いや感動がつづられているので、その中心を考えることで、主題にせまることができます。

● **36・37ページ（ステップ2）**

1 (1)非道や横暴〜であった。

(2)（例）上級生の非道や横暴に対して敢然と立ち向かった光一の姿。

考え方 (1)すぐあとの一文が「ある感動」の内容を示しています。「美しさ」という言葉に洪作のいだいた気持ちが強く表されています。(2)敢然と上級生に立ち向かった光一に対して、同じように上級生から「非道や横暴」を受けながら、ただ耐えることしかできなかった自分が「卑屈」に感じられたのです。

2 (1)その時の世の中に無いものを生み出す個人。

(2)①あっちを見こっちをうかがい、皆々様と同じにすること。②皆々様と同じ考え。③絶対多数と同じ意見で折り合うこと。

考え方 (1)最初の一文に書かれています。この部分が文章全体の主題にあたります。(2)「我々日本人は」以下に、三つの事がらに対する筆者の考えがまとめられています。

8 結論をつかむ

● **38・39ページ（ステップ1）**

1 人間には、世界の全てを知る能力はない。

考え方 後半の段落に、筆者の考えがまとめられています。

2 前半（の段落）

考え方 前半の段落で結論を述べ、後半の段落で結論にいたるまでの考えを書いています。

ここに注意 文章の形式

説明的文章には、次のような基本的な型があります。これを頭に置いておくと、筆者の考えを読み取るのに役立ちます。

○尾括《びかつ》式

・序論（初め）…問題を提起する。

↓

・本論（本文）…問題について考えを深める。

↓

・結論（まとめ）…筆者の考えをまとめて示す。

○頭括式

・結論 ← ・本論

○双括《そうかつ》式

・結論 ← ・本論 ← ・結論

読み取ろうとする文章がどの型に属するかがわかれば、筆者の結論をとらえることは容易になるでしょう。

3 ウ

考え方 この文章では、初めに「鳥が飛ぶためのさまざまな体の工夫」について具体的に述べ、結論は最後の段落にまとめられています。エは文章の結論ではないことに注意しましょう。

4 食物連鎖

考え方 まず仙台湾でカレイがよくとれることと、仙台湾の地理的特徴《とくちょう》を述べ、それから「食物連鎖」を逆にたどり、最後にそれが原因となって仙台湾でカレイがたくさんとれると結論づけています。

● 40・41ページ（ステップ2）

1 (1)イ

(2)（タネが）「場所」と「季節」を選んで発芽する（という工夫。）

考え方 (1)「なぜなら、発芽の三条件の中には、『光が当たること』という条件が入っていないからです。」という文があることから、この文の前には「発芽の三条件がそろっても発芽しない」という内容があるはずだと考えられます。(2)「光合成をしてエネルギーの源となる物質をつくることができないので、枯死します」とあるので、「タネの工夫」とは、光合成をできるようにする工夫だということがわかります。

2 「問題」とは、ほんとうはそれぞれの個人が発見し、つくる性質のものであるから。

考え方 すぐあとに「なぜなら」という言葉があるので、——線部の理由が述べられていることがわかります。そして、この部分がこの文章の結論になっています。

9 要点をまとめる

● 42・43ページ（ステップ1）

1 その人物が

考え方 要点をまとめるためには、まず文章や段落の中心文をとらえることが重要です。

2 限界

考え方 「キーワード」とは、文章や段落の大事な内容を表す言葉のことです。くり返し使われている言葉がキーワードである場合が多いので、注意するようにしましょう。

3 ①屋台や惣菜屋　②女性の社会進出
③空気

考え方 ②段落で、台湾では惣菜を買ってきてすませる場合が多いことを述べ、③・④段落でその理由を述べています。この文章構成をつかんでおくと、それぞれの段落の要点もまとめやすくなります。

4 （例）生物がいることが、地球の自然の特性だ。

考え方 「生物」と「自然」がこの文章のキーワードです。そこから「生物がいることこそが、他の天体にない地球の自然の特性だからです。」が中心文であることがわかり、この文を字数に合わせてまとめて要点とします。

ここに注意 要点のまとめ方

文章の要点とは、説明的文章に書かれている事柄《ことがら》の中で、最も重要な内容のことです。主に段落について使われる言葉で、文章全体で筆者の最もうったえたいことは要旨《ようし》といいます。

○要点のとらえ方

・その段落の話題をつかむ。

・キーワード・キーセンテンスを見つける。キーセンテンス（中心文）は、段落の内容を最も端的《たんてき》に述べた文のことで、段落の最初か最後にある場合が多い。

・接続語に注目する。特に説明の働きをもつ接続語（つまり・要するになど）の直後には、要点に結び付く大事な内容が置かれることが多い。

・くり返し出てくる内容や、言いかえの表現に注意する。筆者が特に強調したいことは、文章中でくり返し述べられることが多いので、要点をつかむヒントとなる。

段落の要点は、要旨をとらえるうえでとても大事な要素となります。

● 44・45ページ（ステップ2）

1 (1)自分をくん練していく

(2)ウ

(3)ウ

考え方 (1)「遊びは、さまざまな仲間との関係の中で自分をくん練していく場である。」という筆者の主張をとらえておくことが大切です。(2)すぐあとに「つまり」という説明の働きの接続語があることから、このあとに説明されていることがわかります。(3)最初の段落に「遊ばなくなった子どもは、いくつもの大きな忘れものをしている。」とあり、そのことを、いくつかの具体例を用いて説明しています。全体をつらぬいている筆者の主張は、「遊びの大切さ」です。

ここに注意 要旨のとらえ方

○それぞれの段落の要点をつかむ。

○段落どうしの関係をとらえる。

　接続語などを参考にして、段落と段落のつながり方をつかむ。問題提起の段落か、例を挙げている段落か、結論《けつろん》が書かれた段落か、など。

○まとめ（結論）の段落を見つける。

　筆者が述べていることをまとめた段落を見つける。論説文などでは、最初の段落か最後の段落に書かれていることが多い。

○要旨をとらえる。

　まとめの段落のキーセンテンスは、ほぼ要旨といえます。必要に応じて言葉を補《おぎな》ったり短くしたりして、要旨をまとめましょう。

● 46〜49ページ（ステップ3）

❶ (1)(例)人間存在にとってもっとも根源的な問いの答えが得られていない（ということ。）

(2)物質的な豊かさ

(3)(例)子どもの目をもって、ものを見つつ、言語表現によってそれを表現できるもの。

考え方 (1)「宗教」とは、ここでは仏教やキリスト教といった特定の教えを指しているのではありません。「もっと本質的な問いかけ」であると書かれていることから考えましょう。(2)「これは物質的な豊かさをすべてと思うところに基礎があると思われる。」という一文が大きなヒントになります。(3)すぐあとの一文に「児童文学の存在意義」についての筆者の考えがまとめられていることに気づきましょう。

❷ (1)(例)生命尊重主義のゆきついた先が生命維持装置であること。

(2)循環器と呼吸器が機能している

(3)(例)できるだけ「死」について考えまいとし、すべてを受け入れる覚悟をもつこと。

考え方 (1)すぐあとの段落で「皮肉」の内容を説明しています。(2)「同じ段落の中から」探《さが》しましょう。「生物的存在」とは、ここでは、「人間の基本的権利」が重要な価値とされるような「人間的存在」に対するものと考えられます。(3)「それこそが」とあるので、前の段落に「今日の死生観」について述べられていることがわかります。また、直後にも「もし今日の死生観があるとすれば」とあるので、両方を見てまとめましょう。

10 物語を読む(1)

● 50・51ページ（ステップ1）

❶ ①イ ②エ

考え方 [①]の前には「西洋人ばかり住んでいる町で、僕の学校も教師は西洋人ばかりでした」とあり、あとには「いつでもホテルや西洋人の会社などがならんでいる海岸の通りを通るのでした」とあります。前の文の内容に、あとの文の内容が付け足されているので、添加《てんか》の接続語である「そして」が入ります。[②]では、「出来るだけ美しく絵に描いて見ようとしました」→「僕の持っている絵具ではどうしてもうまく出せませんでした」と、前の文の内容に反する内容があとにきているので、逆接の接続語「けれども」が入ります。

❷ (1)①ア ②イ

(2)ウ

(3)大きなアーチ状の欄干。

考え方 (1)①「クラスのみんなの意見を私が代弁する。」、②「いじめに対して毅然と立ち向かう。」のように使われます。(2)「橋の上の釣り人を睨みつける」→「釣り人は慌てて糸をたぐりあげ、橋のたもとへと釣り場を移すのであった」と、[　]の前の内容が原因となってあとに続いているので、順接の働きをもつ接続語である「すると」が入ります。(3)指示内容を指示語の部分に置きかえてみると「大きなアーチ状の欄干が橋の上に頃合の日陰を落とす」となって、意味が通ります。

❸
・近所から苦情がでているから。
・部屋の中をめちゃくちゃにし、しかもくさいから。
・昼間閉じ込めっぱなしではかわいそうだから。

考え方 武信が「猫を飼うのは無理だ」と言って、その理由を並《なら》べているので、武信の言葉から読み取りましょう。

● 52・53ページ（ステップ2）

1 (1)ここから歩・夏代は久し
(2)ア

考え方 (1)「ここから歩いても、さほどの距離ではなかった。」ことは実際的な理由、「夏代は久しぶりに、ほんとうに久しぶりに明るい気持ちになっていたから」というのは、夏代の気持ちからくる理由です。(2)最後の段落《だんらく》で述べられている夏代の気持ち「そう思ってしたことでなくとも、優しさとか、善意とか言うものは確かに人間を救うことがあるんだな。」から考えます。

2 あまりに

考え方 「あまりに、おあつらいむきの富士である。」という一文以下は、すべて作者が御坂峠から見た富士を好かない理由の説明になっています。「風呂屋のペンキ画」か「芝居の書割」のようで、「恥ずかしくてならない」というのです。

ここに注意 場面・情景の読み取り方

場面とは、物語やエッセイなどの文学的文章にえがかれている、その場の様子、状況《じょうきょう》のことです。また、情景は、風景や場面の様子をえがいたものですが、場の雰囲気《ふんいき》や人物の心情などが暗示されていることもあります。

○場面のとらえ方
・時をとらえる
時代・年月・季節・時刻《じこく》はいつか。
・場所をとらえる
風景などの様子もとらえる。
・登場人物をとらえる
中心人物、人物どうしの関係もとらえる。
・出来事をとらえる
人物の会話や行動から、その場で何が起きているかをとらえる。

○情景のとらえ方
・表現に注意して、えがかれている風景を思いうかべる。特に視覚《しかく》や聴覚《ちょうかく》にうったえる表現に注意し、比喩《ひゆ》や擬人《ぎじん》法などの表現技法にも注目する。

情景は単なる風景ではなく、読み手の心にうったえてくるものなので、心情や場面とも関連させ、じっくりと読み取ることが大切です。

11 物語を読む(2)

● 54・55ページ（ステップ1）

❶ 一刻も早く静子に会いたかったから。

考え方 すぐあとに、信一郎がいら立っている理由が書かれています。早く会いたいのに、まだ停車駅が五つも六つもあるのがもどかしいのです。

❷ 借金

考え方 以前好きだった場所なのに、そこにある品々が自分を苦しめている「借金」を思い出させるので、「私」にとって「重くるしい場所」になってしまったというのです。

❸ ①すまない結婚 ②病気

考え方 「それを信じなかった」の「それ」が、「母が病気だから」という電報の内容を指していることをとらえます。

❹ 今、目の前にいる母親に、スクールデイズがあったということが信じられなかったから。

考え方 すぐあとに理由が書かれています。幼《おさな》い子どもである和恵にとっては、母親は最初から母親であって、それ以外は想像できないのだろうと、「あたし」は考えています。

● 56・57ページ（ステップ2）

1 (1)①イ ②エ

(2)ウ

考え方 (1)「わけもなくすこし笑いたいような気持になった」のは、それがあまりにも現実的ではなく、作り事のような感じがしたからです。①と②は入《い》れ替《か》わってもよいこととします。(2)作者は、岳が盗みをしたという可能性は全く考えていません。あまりに一方的な高山君の母親の言動を耳にして、強いいきどおりを感じたのです。

2 (例)自分で鼻を気にしていることを人に知られたくないので、鼻という言葉を聞いて態度に出てしまうことを惧れたから。

考え方 「今でもさほど気にならないような顔をしてすましている」ので、それができなくなる状況《じょうきょう》を「惧れていた」のです。

12 物語を読む (3)

• 58・59ページ（ステップ1）

1 (例)幼稚な技巧ではあったが、絵には不思議に力が籠っていて、それに襲われたから。

考え方 すぐあとの一文の文末が「〜からだ。」と理由を示す形になっているので、この文に理由が書かれていることがわかります。

2 私は、なんだか、もっと恐ろしく大きいものの為に走っているのだ。

考え方 「もっと恐ろしく大きいもの」とは、この文章からだけではっきりしませんが、少し前に「信じられているから走るのだ。」とあることから、人間の「信頼《しんらい》」といったものであると考えられます。

● ウ

考え方 巳之吉は長い間約束を守りましたが、年月がたち、相手が信頼できる妻であることから、気がゆるんでついに話してしまったのです。ここから、「人間の弱さ」「弱い人間の悲しさ」といったことが主題になっていると考えられます。

• 60・61ページ（ステップ2）

1 (1)(例)ヨッちゃんと自分が友だちになれたらうれしいということ。

(2)イ

考え方 (1)おばさんの勘違いだと言ってしまえば、ヨッちゃんとの関係を修復させることはできません。ヨッちゃんと友だちになりたい「少年」の切ない望みをとらえましょう。(2)ヨッちゃんと心が通じ合ったという安心感から、もう多くの言葉はいらないと思ったのです。

2 死は生の対

考え方 「僕」は、以前は死というものを「完全に他者から分離した独立存在」と考えていましたが、友人の死をきっかけとして変わったのです。変わる前とあとの「僕」の考えをしっかりととらえるようにしましょう。

13 随筆を読む (1)

• 62・63ページ（ステップ1）

1 (1)エ

(2)往復にかかる七、八日。

考え方 (1)□の前には「第二日」のことが、あとには「第三日」のことが書かれているので、添加《てんか》の働きをもつ「そうして」が入ります。「そうして」は「そして」と同じと考えてよいでしょう。(2)すぐ前の部分を指しています。指示語の部分に合うように、少し形を整えましょう。

2 (1)（名の）枠に入っている

(2)ア

考え方 (1)「範疇」とは、「同じ種類のものがふくまれる領域《りょういき》」のことです。(2)「眉を顰める」は、眉のあたりにしわを寄せて、他人の行動に対して不快に思っていることを表す言葉です。「眉につばをつける」は、「眉につばをぬる」と同じで、「だまされないように用心する」という意味です。

3 (引っ越しのために)家が混乱していて、小説が書ける雰囲気ではないから。

考え方 「〜ので」という理由を示す言葉があるので、その部分から読み取りましょう。

4 途上にあること・終わりがあるもの

考え方　筆者は、「旅とは途上にあること」という定義に共感しながら、「旅は同時に、終わりがあるものでもある」といっています。

ここに注意　主な慣用句(2)

・頭が下がる…感心させられる。
・肩身《かたみ》がせまい…世間に対して恥《は》ずかしい。
・のどから手が出る…とても欲《ほ》しくてたまらない。
・額を集める…大勢で集まって相談をする。
・へそで茶をわかす…おかしくてどうにもたまらない。
・骨《ほね》が折れる…苦労する。
・胸《むね》を痛《いた》める…心配する。
・後の祭り…手おくれ。
・板につく…もの慣れた様子。
・馬が合う…気が合う。
・お茶をにごす…その場をごまかす。
・さじを投げる…あきらめてやめる。
・しのぎをけずる…相手に負けまいとはげしく争う。
・図にのる…調子にのる。
・手塩にかける…大事に育てあげる。
・二の足をふむ…気が進まずにぐずぐずする。
・火の車…経済的に苦しいこと。
・筆が立つ…文章を書くことが上手である。

1 ● 64・65ページ（ステップ２）

(1)エ

(2)世間と関係のないところに自分の世界をつくること

(3)戦争

考え方　(1)「世の中は戦争に向かって進んでいっていましたが、ぼくはそんな流れとは無関係に」とあります。戦争について真《しん》剣《けん》に考えることはなかったのです。(2)「文学もまた、当時のぼくにとって世の中とは関わりのないものでした。」とあります。このころの筆者にとって、文学はまだ「趣味的」なものだったのです。(3)「戦争」という大変なことが進行していましたが、「やれと言われたことをやるだけ」だった筆者には、「実感」はあまり感じられなかったのです。

2 (例)自分にはウォーホルのような先端的な芸術は理解できないと思ったから。

考え方　ウォーホルの作品を見たとき、筆者は「これって有りなんかァ」と疑問《ぎもん》を抱《いだ》いています。ウォーホルが「新しい芸術にない手」だったことをおさえましょう。

14　随筆を読む(2)

● 66・67ページ（ステップ１）

1 物を大切に

考え方　マッチをやたらに使うHの信心を「ほんものでない」と考えた背景には、「物を大切にする心」が「神と偕にある世界、仏に融け入る境地」につながるという筆者の考えがあることをおさえましょう。

2 参加（者）

考え方　「おみそ」は世界の「観察者」であり、決して参加者ではないという筆者の考えをおさえましょう。

3 大切

考え方　筆者はシャーマンやクニヤンを「喧嘩をしあう仲」だったといいながらも懐《なつ》かしく思っていることが、この「大切」という言葉からわかります。

ここに注意　随筆の読み取り方

随筆とは、気の向くままに自分の体験や見聞した物事について書いた文章です。

○随筆の読み方
・文章を書くきっかけとなった体験や出来事をとらえる。
・事実が書かれている部分と筆者の考えや感想が書かれている部分を区別し、筆者が事実から何を考えたかをとらえる。
・筆者の考えをもとに、主題を考える。

文学的な随筆では、主題がはっきりとは表されない場合もあります。筆者自身の感動をとらえるようにすると、共感とともに主題がわかってくることもあります。

1 ● 68・69ページ（ステップ２）

(1)自分の身の

(2)①イ　②エ

考え方　(1)「過保護な社会」と対照的な社会ですから、あまり保護してくれない社会ということになります。かなりあとの部分で出てくるので、内容を理解したうえで順に探《さが》していくことが大切です。(2)筆者は「とことん安全を保障することで、ひとびとの生命力が年ごとに衰えていくのが見えるような気がします」といっており、「過保護な社会」に批判《ひはん》的であることをおさえましょう。

2 (1)その人の顔

(2)人間が死ぬる前

考え方　(1)すぐあとの段落《だんらく》に「完全な相貌」の意味が説明されています。(2)文章の最初にあります。「与えられた寿命が終りに近づいたとき」ともいっていますが、字数が合いません。

● **70〜73ページ（ステップ3）**

1 (1)①ウサギ跳び　②一年生

(2)ウ

(3)ア

(4)日曜や祭日

考え方　(1)「ウサギ」とは、何かというとすぐに「ウサギ跳び」を命じられる自分たち一年生を、自嘲《じちょう》をこめて呼《よ》んでいる言葉です。(2)すぐあとの段落に、「岡本は……目が合うと同情するように笑いかけてくるときもあるし、『がんばれよ』の形に口が動くこともある。そんなときもオレは気づかないふりをする。」とあります。「オレ」が岡本の行動を気にいらないでいることがわかります。(3)いち早くサッカー部を抜け出した岡本を軽薄《けいはく》に感じ、自分は岡本と同じにはなりたくない、という気持ちがあったのでしょう。その岡本がさかんにテニス部に誘ってくるのが、うっとうしかったのです。(4)直前の段落の最後の部分「退部の理由は、日曜や祭日にも練習があるということ。だが、それは、中学校の頃だって同じだったのだ……。」から読み取ります。

2 (1)イ

(2)ことがらが強調される

(3)①めったにない　②有難味

考え方　(1)「心憎い」は「にくい」という意味ではなく、反対に「にくらしく感じられるほどよい」という意味であることを覚えましょう。(2)次の段落に「いずれにせよ『ならでは』ということばをつかうことで、ことがらが強調されるのである。」とあります。(3)筆者は「ならでは」の氾濫を批判しています。

ここに注意　「心」のつく言葉
・心覚え…心の中に覚えていること。忘れないために印を付けておくこと。
・心配り…あちこちへ気を配ること。
・心苦しい…つらくてやりきれない。
・心さびしい…何となくさびしい。
・心静か…心が落ち着いていること。
・心積もり…心中でおおよそ見積もること。
・心無い…思いやりがない。
・心ならずも…不本意にも。
・心待ち…心中で期待して待つこと。
・心持ち…ほんの少し。
・心もとない…不満である。不安である。
・心安い…安心である。親しい。

15　説明文・論説文を読む (1)

● **74・75ページ（ステップ1）**

1 (1)（本人にとっては重要な意味をもつものでも、）他人の見た夢の話を聞くのは退屈であること。

(2)ア

考え方　(1)すぐ前の文の内容を指し示しています。短くまとめて答えるようにしましょう。(2)□のあとの内容は、□の前でいっていることに付け足しているので、添加《てんか》の働きをもつ接続語「そして」が入ります。

2 (1)実在するという現実感が人によって全然違うものになり得る（ことの典型。）

(2)イ

考え方　(1)すぐ前の文の内容を指し示しています。「このような」は、さらに前の文を指しているため、二つの文の内容をまとめましょう。(2)「神の実在感を持っていません」→「頭の中に実在感があります」と、□の前後で反対の内容になっているので、□には逆接の働きをもつ接続語「しかし」が入ります。

❸ ・生命の必須要素であるタンパク質がアミノ酸の重合によって出来るような場所として適していたから。

・宇宙線があまり入って来ず、ＲＮＡやＤＮＡが壊されにくい環境として都合がいいから。

考え方　二つの段落《だんらく》から一つずつ理由をぬき出します。

❹ (例)肺呼吸をしているので、水中で完全に眠ってしまえば溺れる危険があり、左右の脳を交互に休息させればそれを防げるから。

考え方　「左右の脳を交互に休息させる」＝「完全には眠らない」ということを理解しましょう。

● 76・77ページ（ステップ2）

1 (1)①意味　②言葉

(2)文学は科学

(3)ウ

考え方　(1)「言葉の綾」という場合の「綾」は、「文章などの表現上の巧みな言い回し」という意味です。(2)「文学はそうではない」の「そう」が指し示している内容をまずとらえることが必要です。「そう」は「科学は因果関係のはじめから終わりまですべてを隙間なく語れなければならない」を指しているので、それに対して「文学」はどうかを述べた文を探します。(3)同じ段落の前の部分で、「人の一日を知る」ことを例として述べている内容から考えましょう。

2 ウ

考え方　□のあとでは、その前の内容の理由を説明しています。選択肢《せんたくし》の中から説明の働きをもつ接続語を探すと、「なぜなら」が見つかります。

16 説明文・論説文を読む (2)

● 78・79ページ（ステップ1）

❶ ①草食性　②あごも小さく、毒液ももたない（。）

考え方　ムカデとヤスデを正反対の生き物として対比している文章です。それぞれの特徴をたがいに比べながらとらえることが大切です。

❷ 自分の家は国産材で建てたいという願望

考え方　木材なら何でもいいというのではなく、「国産材がいい」という複雑な思いがあったのです。

❸ 人間は社会〜でしょう。

考え方　後半の段落は、前半の段落の内容をくわしく説明していることを理解しましょう。

❹ ・漢字が意味を表すということをふまえている点。

・ふりがなというものをうまく利用している点。

考え方　筆者は「新たな訓読みの試みと言えるものです」ともいっています。これは、漢字のもつ意味を利用して新しいふりがなを付けていることを指しています。

● 80・81ページ（ステップ2）

1 (1)森を利用した文化が消えてしまっている

(2)日々暮らし

考え方　(1)「日本で木の文化といわれるものは、木と木材の文化を指していて、森の文化と結びついて語られることは、ほとんどない」という筆者の考えをとらえておくことが大切です。(2)「森にかよう道とともに森の文化がつくられたことをみるとき、はじめて日本の木の文化は森の文化と結びつくのである」というのが筆者の主張であり、この文章の要旨です。

2 ・哺乳類の種は一見〝家族〟といっていいような集団をつくっているが、人間社会における家族集団とはかなり異なっていること。

・サル類にも家族といえる社会的単位の存在を見いだすことができないこと。

考え方　すぐ前の段落から、二つの事実をぬき出すようにします。

17 説明文・論説文を読む (3)

● 82・83ページ（ステップ1）

❶ 野生チンパ～きました。

考え方　最後の一文の内容は、この結論の補足《ほそく》です。

❷ (1)歴史を学ぶということは、追体験をどこまでできるかということ（だ）

(2)ものごとの因果関係をきちんと知ること

考え方　(1)筆者の歴史に対する考え方の中心となる部分です。「過去にこんなことがありました」で終わってはならないという筆者の主張を理解しましょう。(2)――線部と同じ文の前半部分「それを知ることで」の「それ」の指し示す内容が解答になります。

❸ (1)[2]～[4]

(2)[5]～[6]

(3)餓えと隣り

考え方　(1)オーストリアの研究所で、ガンのひなを観察したときの体験が述べられています。(2)[5]では、ガンのひなのように学習してゆく場合の危険性について、[6]では、モンシロチョウを例にして、生まれながらにして食べるものを知っている場合の危険《きけん》性についての筆者の考えが書かれています。(3)筆者は、「餓えと隣り合わせの安全」と「まちがえて中毒するかもしれないが学習してゆく融通性」と、どちらがよいという判断はしていません。ガンとモンシロチョウそれぞれの食に関する特徴《とくちょう》と、両者のちがいを明らかにしているのです。

● 84・85ページ（ステップ2）

❶ (1)前半…イ　後半…エ

(2)①加工　②調理

(3)イ

考え方　(1)前半には、「ご飯」「粥」「おこわ」「餅」など、多様な米の調理法と名称について述べられています。一方、後半には「粥」「七草粥」「芋粥」「茶粥」「雑炊」など、お粥の種類と作り方が述べられています。(2)すぐ前に「このように、米は、その加工の過程で、またさまざまな調理の過程でさまざまに姿を変え、それぞれに名前が付けられていました。しかし」とあるので、前の文の内容を否定《ひてい》する内容があとに続くことがわかります。つまり、「加工」を行わず、「調理」方法も簡単になっている状況であるということです。(3)エ「芋粥は古代の頃から食べられていた」という記述は、本文中にありません。

● 86～89ページ（ステップ3）

❶ (1)ウ

(2)「強い植物」が力を発揮できない場所。

(3)(例)最高のコンディションでプロのサッカーチームと小学生チームが試合をして、プロが勝つこと。

(4)イ

(5)イ

考え方　(1)ふつうなら強い植物がほかの植物を「駆逐して」、「強い植物ばかりになってしまう」かといえば、「そうではない」。そこが「おもしろい」といっています。(2)すぐ前の一文の中の言葉を指し示しています。念のために指し示している部分を指示語の部分に置きかえてみると、「『強い植物』が力を発揮できない場所は、『予測不能な環境』である。」となり、意味が通っています。(3)「強い植物」が「プロのサッカーチーム」、「安定した条件」が「最高のコンディション」にたとえられていることを理解しましょう。(4)□の前後で内容が食いちがっているので、逆接の働きをもつ接続語が入ることがわかります。(5)「医学の道に挫折《ざせつ》したが、文学に活路を見出した。」のように使われます。

ここに注意　たとえの表現

たとえとは、他の物事になぞらえていうことで、文章の表現技法としてもよく使われます。たとえられているものによって、作者や筆者の考えが推測《すいそく》できることもあります。

［例］彼女《かのじょ》の性格は、まるで真っ赤に燃える炎《ほのお》のようだ。

→「彼女」の性格のはげしさがうかがえる。

❷

(1)①カ　②ウ　③エ

(2)ア損失　イ縮小

(3)[5]木材資源を無駄なく使うために生み出した（商品だから。）

[6]経済的に決して悪くない（商品だから。）

(4)・洗う手間を省けること

・使い捨てゆえに衛生的なこと

(5)割り箸はチップよりも高付加価値なので買い取り価格も高めになるから。

考え方　(1)[①]の前では割り箸について述べていますが、あとでは一時的に木材の話題に移っています。したがって、転換《てんかん》の働きをもつ接続語「ところで」が入ります。[②]の前には「原木を一本ずつ」とあり、あとには「筏を組んで」とあって、前後のどちらかを選ぶ内容になっているので、選択《せんたく》の働きをもつ接続語「あるいは」が入ります。[③]の前には、割り箸の材料になる木が「広葉樹へと広がった」ことが述べられ、あとでは「製造方法も、新方式が登場した」ことが述べられているので、添加《てんか》の意味をもつ「さらに」が入ります。(2)イ「縮小」の「小」を「少」と書きまちがえないように注意しましょう。(3)割り箸は、資源の無駄をなくすことができ、しかももうかるという点で、「重要な位置にある」ものだったのです。[6]は「高付加価値（商品だから。）」でも正解とします。(4)飲食店（外食産業）にとっての割り箸の「良い点」は、[7]・[8]段落に一つずつ書かれています。(5)すぐ前の一文から読み取ります。

18 詩を読む

● 90・91ページ（ステップ1）

❶

(1)イ

(2)①ア　②エ

(3)ア

考え方　(1)(2)の問題にあるように、「水」や「あなた」を他のものにたとえていることから、「比喩法」が用いられていることがわかります。(2)「あなた」が「水」に飛び込むところを、「蜂」が「花」にもぐりこむところに見立てています。(3)飛び込んだために水にぬれている様子を「さも重たそうに」と表現しています。

❷

(1)ア

(2)四（連）

(3)私は不思議でたまらない、

(4)①銀　②蠶

(5)イ

考え方　(1)各行の音数を数えてみましょう。「私は不思議で（8）・たまらない（5）

黒い雲から（7）・ふる雨が（5）

銀にひかつて（7）・ゐることが（5）」

各連ともこの音数のくり返しになっています。(2)「連」とは、感動のまとまりや内容のまとまりによって、詩を何行かずつまとめたものです。(3)題名「不思議」からもわかるように、この詩には「私」が感じた「不思議」が書かれています。(4)第一・二連とも、色の対照がえがかれています。「青い桑の葉」の「青い」は、この場合は緑色であることを確認《かくにん》しましょう。(5)ふつうの人が「あたりまへ」に思うことを見つめ、率直に「不思議」だと言っています。「自分をはじて」も、「強く抗議して」もいません。

ここに注意　詩の表現技法

感動をより効果的に表すために、詩にはさまざまな表現技法が使われます。

○比喩法…たとえを使って印象を強める。

・直喩（「ようだ」などを使う）

［例］刃物のやう《よ》な冬が来た

（高村光太郎「冬が来た」）

・隠喩《いんゆ》（「ようだ」などを使わない）

［例］私の耳は貝の殻《から》

（ジャン・コクトー／堀口大学《ほりぐちだいがく》訳《やく》）

「貝殻の耳」）

・擬《ぎ》人《じん》法…人間以外のものを人間にたとえる。

［例］山も野原も綿帽《ぼう》子《し》かぶり

（作者不明「雪」）

○反復法…同じ言葉をくり返して、感動を強めたり、リズムをつけたりする。

［例］月の光が照つてゐ《い》た
月の光が照つてゐ《い》た

（中原中也「月の光 その一」）

○倒置《とうち》法…語順を逆にして感動を強める。

［例］木は歩いているのだ 空にむかって

（田《た》村隆一《むらりゅういち》「木」平成二十三年度版
東京書籍「新しい国語1」）

○対句法…似た組み立ての語句を並《なら》べて強調したり、リズムを出したりする。

［例］雨ニモマケズ
風ニモマケズ

（宮沢賢治《みやざわけんじ》「雨ニモマケズ」）

○体言止め…行の終わりを体言（名詞《し》）で止め、余韻《よいん》を残す。

［例］外吹《ふ》く風は金の風

（中原中也「早春の風」）

● 92・93ページ（ステップ2）

1 (1)四(連)
(2)えだ
(3)二(番目の連)
(4)イ

考え方 (1)一行あきで示されたまとまりの一つ一つが「連」であることを確かめておきましょう。(2)イチョウの葉が落ち、はだかの枝が空を向いている様子を「蒂」にたとえているのです。(3)第二連に、「きりきりともみ込むやうな冬」と、冬のきびしさをえがいています。「きりきりと」という擬《ぎ》態《たい》語が実に効果的である点もおさえておきましょう。また、「人にいやがられる冬」とも書いています。(4)第三連で、作者は冬(人生のきびしさ・試練)を自分の力に変える決意を述べています。

2 (1)四(番目の連)
(2)なぜだかそれを捨てるに忍びず
(3)ア

考え方 (1)「対句法」とは、よく似た言葉を並べて調子を整える表現技法です。「月に向つてそれは抛れず／浪に向つてそれは抛れず」の二句が対句になっています。(2)はっきりとした理由は自分でもわからないが、どうしても捨てられなかったというのです。作者の孤独感が強く表れた表現といえるでしょう。(3)「なぜだかそれを捨てるに忍びず」ボタンを袂に入れた作者の深い孤独とともに、全体がメルヘンのような幻想的な世界になっていることをおさえます。

19 短歌・俳句を読む

● 94・95ページ（ステップ1）

1 (1)Aウ Bエ Cイ Dイ Eオ
(2)Aイ Bウ Cア Dオ Eエ

考え方 (1)短歌の意味が切れるところを「句切れ」といいます。この直前に感動の中心があることが多いので、句切れをとらえることは重要です。とらえるのが難《むずか》しい歌もありますが、「句点が入るところ」と考えるとわかりやすい場合もあります。例えばCの歌だと、「ふるさとの訛なつかし。停車場の人ごみの中にそを聴きにゆく」と考えるのです。(2)A瓶に生けられた藤の花の様子を、絵にかくように言葉でスケッチしています。Bは「銀杏」の葉の形を「ちひさき鳥」にたとえています。Eは「の」という音のくり返しがリズム感を生み出しています。

2 ①イ ②ウ

考え方 気高くおごそかな富士山をうたった歌です。

3 (1)A季語…雪 季節…冬
B季語…卒業 季節…春
C季語…甲虫 季節…夏
D季語…椿 季節…春
E季語…啄木鳥 季節…秋
F季語…大根 季節…冬
(2)Aけり Bかな Cや Dけり Eや Fかな
(3)①D ②A ③E ④F

考え方　(1)「季語」は「季題」ともいい、自然・生活・行事・動植物などで季節を表す言葉です。俳句ではよみこむことが決まりとなっています。D「椿」は春の季語ですが、「椿の実」は秋の季語になります。F「大根」は冬の季語ですが、「大根の花」は春の季語になります。(2)「切れ字」は、俳句の句の切れ目に使われ、感動の中心を示すものです。「や」「かな」「けり」「なり」などがよく使われます。(3)①「あざやかな色彩」にあたるのは「赤い椿白い椿」の部分です。②病床にあって外が見られないから、いく度も「雪の深さ」をたずねているのです。③「一つの音」とは、啄木鳥が木にあなを開ける音です。④「大根の葉の早さ」で、川の流れの早さに気づいたのです。

4
(1)①C　②秋
(2)①菜の花　②月　③日
考え方　(1)Aの句の季語は「蛙」、季節は春、Bの句の季語は「菜の花」、季節は春、Cの句の季語は「名月」、季節は秋です。(2)「東の野にかぎろひの立つ見えてかへり見すれば月かたぶきぬ」（柿本人麻呂《かきのもとのひとまろ》）という「万葉集《まんようしゅう》」の有名な歌が連想される雄大な句です。

ここに注意　季語

○春（一・二・三月）
余寒・残る雪・おぼろ月・なだれ・春雨《はるさめ》・菜種梅雨《づゆ》・かげろう・花ぐもり・花冷え・雪解け・花見・野焼く・水温《ぬる》む・山笑う・卒業・入学試験・つみ草・山吹《やまぶき》・すみれ草・うぐいす・ライラック・つばめ・ひばり・蛙《かえる》・白魚・よもぎ・蛤《はまぐり》・梅・菜の花・つくし・チューリップ・桜・蝶《ちょう》・蜂《はち》

○夏（四・五・六月）
梅雨さむし・麦の秋・入梅・梅雨・土用・短夜・雷《かみなり》・夕立《ゆうだち》・虹《にじ》・夕焼け・五月雨《さみだれ》・新緑・風かおる・日盛《ひざか》り・青田・田植え・行水・昼寝《ひるね》・金魚・サンダル・登山・ラジオ体操《たいそう》・蝉《せみ》・ほととぎす・蛍《ほたる》・夏休み・紫陽花《あじさい》・百合《ゆり》・ばら・蝿《はえ》・蚊《か》

○秋（七・八・九月）
残暑・天の川・星月夜・夜長・名月・虫・野分《のわき》・刈田《かりた》・七夕・十六夜《いざよい》・運動会・紅葉《もみじ》狩《がり》・霧《きり》・流星・稲妻《いなづま》・桐《きり》一葉・朝顔・コスモス・渡《わた》り鳥《どり》・ひぐらし・鈴虫《すずむし》・雁《かり》・松たけ・紅葉・ぶどう・菊《きく》・つた・もず・柿《かき》・栗《くり》・りんご・こおろぎ・赤とんぼ・かかし

○冬（十・十一・十二月）
年《とし》の瀬《せ》・霜《しも》・小春日和《びより》・こがらし・時雨《しぐれ》・師走《しわす》・初雪・あられ・枯野《かれの》・北風・枯葉・落葉・炭火・火事・七五三・竹馬・風邪《かぜ》・こたつ・スキー・ストーブ・クリスマス・うさぎ・千鳥《ちどり》・白鳥・大根・ねぎ・みかん・山茶花《さざんか》・柚子《ゆず》湯・きつね・たぬき・鴨《かも》・ラグビー

●96・97ページ（ステップ2）

1
(1)ア
(2)エ
(3)エ
(4)A
考え方　(1)「明治屋」とは、輸入食品を多くあつかう老舗《しにせ》のスーパーマーケットです。「きらびやかなり」に作者の感動が表されています。(2)「向日葵」の高さと「日」の小ささ。様子がすぐに目にうかんでくる歌です。(3)「もろこし」とはイネ科の一年草で、葉やくきはトウモロコシに似ています。丈《たけ》の高い草で、それが月の光に照らされて一面に黄色くかがやき、さらにハモニカ（ハーモニカ）の音が聞こえてくるのですから、非常にメルヘン的な歌といってよいでしょう。(4)「字余り」とは、歌の音数が三十一より多いことをいいます。反対に三十一より音数が少ないことは「字足らず」といいます。Aの歌では、二句目の「クリスマス飾り」と五句目の「粉雪降り出づ」がどちらも八音で、字余りになっています。

2
(1)ウ
(2)ウ
(3)イ
(4)イ
考え方　(1)季語は「桐一葉」で、季節は秋。ただし「桐の花」だと夏の季語になります。

(2)切れ字である「けり」は句の最後にあります。(3)「桐一葉」だけで、桐の葉が一枚落ちるのを見て、秋の訪《おとず》れを知るという意味があります。(4)「日当りながら」も見た目の効果をねらった言葉です。

3
(1)A季語…すすき　季節…秋
B季語…さみだれ　季節…夏
C季語…蠅　季節…夏
D季語…枯野　季節…冬
E季語…柿　季節…秋
F季語…春寒し　季節…春
(2)ウ
考え方　(1)F「春寒し」で、春の季語です。注意しましょう。(2)季語をもたない俳句を「無季(俳句)」といいます。アの季語は「虫」で季節は秋、イの季語は「菫」で季節は春、エの季語は「揚雲雀」で季節は春です。

20　古典を読む

• 98・99ページ（ステップ1）

1
(1)エ
(2)ア
考え方　(1)アの「五十歩百歩」は、「少し差はあるが、たいしたちがいではないこと」、イの「蛇足」は、「よけいな付け足し・無駄《むだ》なこと」、ウの「背水の陣」は「決死の覚悟で事に当たること」という意味の故事成語です。(2)「つじつまが合わない」は、話などがしっくりこない、どこかおかしいところがあることをいう言葉です。

2
①〇　②×　③〇　④〇　⑤×
考え方　①「のれんに腕押し」は、「手ごたえや張り合いがないことのたとえ」、②「立つ鳥後をにごさず」は、「立ち去るときは、あとをきちんとしてから行くべきだ」、③「ねこの手も借りたい」は、「非常にいそがしいことのたとえ」、④「手にあせにぎる」は、「どうなることかと、はらはらする」、⑤「あぶはちとらず」は、「欲張《よくば》るとどちらも得られないことのたとえ」です。

3
(1)エ
(2)イ
(3)旅人（過客）
(4)旅
考え方　(1)「おくのほそ道」は、江戸《えど》時代に松尾芭蕉が著《あらわ》した俳諧《はいかい》紀行文。半年にわたる東北・北陸旅行の紀行文で、すぐれた俳句が多数よみこまれています。(2)小林一茶は江戸時代後期、与謝蕪村は江戸時代中期をそれぞれ代表する俳人です。西行は平安時代末期から鎌倉《かまくら》時代初期にかけての人で、武士でしたがお坊《ぼう》さんになり、旅をしながら多くのすぐれた歌を作りました。(3)「旅人」と「過客」は同じ意味です。(4)「股引の」から「三里に灸すゆる」までは、旅に出る準備の様子です。

ここに注意　古典の知識―主な作品

〇奈良《なら》時代
・古事記《こじき》…日本に残っている最古の本。多くの神話や伝説が収《おさ》められている。
・万葉集《まんようしゅう》…わが国で最も古い歌集。
〇平安時代
・古今和歌集《こきんわかしゅう》…紀貫之が代表的な歌人。
・源氏物語《げんじものがたり》…紫式部《むらさきしきぶ》が書いた世界で最も古い長編小説。
・竹取物語《たけとりものがたり》…かぐや姫《ひめ》の物語。
・枕草子…清少納言が書いた随筆。
・伊勢物語…在原業平《ありわらのなりひら》を主人公にした歌物語。
・土佐日記…紀貫之が書いた日記。
〇鎌倉・室町《むろまち》時代
・新古今和歌集…後鳥羽院《ごとばいん》・藤原定家《ふじわらのさだいえ》などが代表的歌人。
・平家物語…平家の興亡《こうぼう》をえがいた軍記物語。
・徒然草…兼好法師が書いた随筆。
〇江戸時代
・おくのほそ道…松尾芭蕉の俳諧紀行文。
・おらが春…小林一茶の俳句・俳文集。

• 100・101ページ（ステップ2）

1
(1)ウ
(2)イ
(3)手持ちぶさたなのにまかせて
(4)（例）名高い木登りが、飛び下りてでも下りられるくらいの高さになってから気をつけるようにと言ったこと。

(5)けがは、や

考え方 (1)「徒然草」は、鎌倉時代末期に書かれた随筆です。作者は兼好法師。仏教的な「無常観」が全体に流れていますが、内容はさまざまで、人生論としても長く読まれてきました。(2)清少納言は平安時代中期の人で、「枕草子」の作者。紀貫之は平安時代の歌人で、「古今和歌集」の撰者《せんじゃ》として有名です。鴨長明は鎌倉時代前期の歌人で、随筆「方丈記」の作者としても知られています。(3)古文では「つれづれなるままに」の部分が答えになります。作品のタイトルにもなった有名な一節です。(4)なぜもっと高くて危険《きけん》なときに声をかけなかったのかと思ったのです。(5)油断がけがのもとであるという考えが述べられています。

2

(1)ア

(2)イ

(3)復習する

(4)エ

考え方 (1)・(2)「論語」は、中国の古代の思想家である孔子とその弟子《でし》たちが言ったりしたりしたことをまとめた書物です。(3)「復習」の大切さは昔の中国でも現代の日本でも変わりませんね。(4)学問をする心構えとともに、人間としての生き方も教えています。

ここに注意　漢文の知識

○論語…中国の思想家で、儒家《じゅか》の祖・孔子の言行、孔子と弟子の問答をまとめたもの。

○孟子…中国の思想家・孟子の、王や弟子との問答を記したもの。

○老子…中国の伝説上の思想家・老子が説いたとされる道家《どうか》の思想をまとめたもの。

● 102～105ページ（ステップ３）

1

(1)イ

(2)オ

(3)ぷらぷら

(4)エ

考え方 (1)エの「直喩」は、「『～のようだ』などの言葉を使ってたとえる技法」、オの「反復法」は、「同じか、よく似た語句をくり返す技法」です。イの「体言止め」は「行の終わりを体言（名詞《し》）で止め、調子を強めたり余韻《よいん》を残したりする技法」ですが、この詩には名詞で終わっている行はありません。(2)前の連で、小鳥やいたち、仲間のへびから受けた仕打ちから考えます。エの「落胆」はやや近いですが、「哀愁」（もの悲しさ）のほうが、よりふさわしいです。(3)「ぷらぷら」は、「ぶらぶら」と近い感じを表していると考えられます。ちびへびは、ぷらぷらと気ままに歩くのをやめてしまったのです。(4)「ちびへび」の行動から考えましょう。みんなに冷たくされてさびしくねむりましたが、それでももう一度出かけていったのです。

2

(1)A季語…名月　季節…秋

B季語…夏河　季節…夏

C季語…梅　季節…春

D季語…遠足　季節…春

E季語…落葉　季節…冬

F季語…冬菊　季節…冬

(2)E

(3)①D　②B　③E

(4)や

考え方 (1)Eの「落葉」は秋のように感じますが、冬の季語です。(2)定型にとらわれない俳句や短歌を「自由律《りつ》」といいます。(3)①ふと見かけた遠足の列の様子をよんでいます。(4)切れ字には「や」「かな」「けり」などがあります。

3

(1)エ

(2)D

(3)①B　②D　③C

考え方 (1)「春過ぎて　夏来るらし／白たへの　衣干したり／天の香具山」と切ることができます。(2)Dの歌は、定型にとらわれず、三行書きという新しい表現形式がとられています。(3)①Bの歌の「久方の」は、「天」「空」「月」「日」「光」などにかかる枕詞《まくらことば》。「枕詞」とは、いつも決まった言葉の上にあって、言葉の調子を整える五音の言葉のことです。
[例]「たらちねの」→「母」
「あしひきの」→「山」

4
(1)イ
(2)かわいらしい
(3)をかしげ〜てねたる
考え方 (1)ア「紫式部」は「源氏物語」の作者。エ「和泉式部」は「和泉式部日記」で有名ですが、歌人としても一流でした。(2)「うつくし」のように、現代語にも似た言葉がありながら、意味がちがっている言葉はめずらしくありません。例えば「あは(わ)れ」は、現代語で「あわれな姿《すがた》」などという「あわれ」とはちがい、「しみじみとしたおもむきがある・美しい」などの意味を表します。(3)現代語訳と照らし合わせて読み取りましょう。「をかしげなるちご」は「愛らしい幼児」のことです。

5
(1)エ
(2)碧・白・青・然
(3)ア
考え方 (1)杜甫も李白も、中国・唐《とう》代の前半ごろの有名な詩人です。(2)「碧」はこい緑色、「青」は浅緑色、「然」は燃《も》えたつばかりの赤です。(3)詩の前半にはエの「自然美」もえがかれていますが、作者の思いの中心は後半の「望郷の思い」にあります。

ここに注意 漢詩の知識
○杜甫…中国・唐代の詩人。「詩聖《しせい》」とたたえられた。
○李白…中国・唐代の詩人。杜甫の「詩聖」に対して「詩仙《しせん》」とたたえられた。
○白居易《はくきょい》…中国・唐代の詩人。白楽天ともいう。杜甫・李白より少しあとの人で、その詩はわかりやすく、昔から日本でも親しまれた。

総復習テスト①

● 106〜109ページ

1
(1)イ
(2)エ
(3)エ
(4)ウ
考え方 (1)□の前には、ブナ林が本州の日本海側の各地に残っていること、あとには、人里に近い所では残っていないことが書かれています。前とあとで食いちがう内容となっているので、逆接の接続語「しかし」があてはまります。(2)「批准する」は、「条約を結ぶときの、当事国の最終的な同意の手続き」のことをいいます。(3)エのようなことは本文には書かれていません。(4)「対照的」だったのですから、「縄文スギで知られている」屋久島と「知名度が低かった」ことになります。

2
(1)エ
(2)良心
(3)(例)奥には人がいて、その人たちに聞かれたくなかったから。
(4)私は鉛のような飯を食いました。
考え方 (1)「店をひやかして歩く。」などのように使います。(2)直後の文の後半に「不思議」に思った理由が書かれています。Kを裏切《うらぎ》った、申《もう》し訳《わけ》ないという思いを忘れられるはずがないのに、実際にはほとんどKのことを考えなかったことを「不思議だ」といっているのです。(3)「私」の「良心」は謝罪しようとしているのに、人に聞かれることを恐《おそ》れる気持ちがそれをさまたげたのだといっています。(4)「鉛のような飯」に、「私」の重苦しい気持ちが表されています。

総復習テスト②

● 110〜112ページ

1
(1)ア
(2)無視されていること。
(3)内山君とはあまりかかわりたくないから。
(4)イ
考え方 (1)ふつう「目の敵にする」で慣用句として使われます。「目」の入った慣用句としてはほかに、以下のようなものがあります。

・目に物見せる…はっきり思い知らせる。

・目の色を変える…おこったりおどろいたりして、険しい目つきになる。

・目の上のたんこぶ…じゃまな存在《そんざい》。

・目の付け所…気をつけて見る大事なところ。

・目の中に入れても痛《いた》くない…子供《こども》などを、非常にかわいがっている様子。

(2)指し示している内容がかなり離《はな》れたところにあるので注意します。「のけ者にされていること。」も同じ意味ですが、字数が合いません。(3)あとにある、サンペイ君と福ちゃんとの会話の中の、サンペイ君の言葉からわかります。(4)すぐ前に「そうか、わかった。ならいい」とありますが、福ちゃんはサンペイ君の気持ちを本当にわかっているわけではありません。